Vea Kaiser | Marc Oliver Rühle (Hrsg.)

Wiener Journal

Augustin und Plastikbecher – Ein kleiner Überblick

Wenn ich in eine fremde Stadt komme, will ich sie überblicken können. Zuerst sehe ich mir die Umgebung an, in der ich wohne, nach dem ersten Herumstreunen, nach den ersten Gehversuchen, früher auf einer Karte, heute im Netz, ich will wissen, wo ich bin und wie mein Ort mit den anderen Orten verknüpft ist. Irgendwann aber, meist in den ersten Tagen, kommt der Moment, in dem ich den wirklichen Überblick suche, für den ich auf einen Berg steige, auf eine Kirchturmspitze, auf eine Aussichtsterrasse eines hohen Gebäudes, auf irgendetwas in der Art. Dann liegt die Stadt vor mir, ich sehe, wo ich schon war, ich sehe die Menschen, mit denen ich dort war, erinnere mich an dieses und jenes, und sehe vor allem, was ich noch sehen, wo ich noch hin, wo sich noch etwas verbergen könnte. Vor allem sehe ich die Geheimnisse, die auf mich warten, die Begegnungen, die ich machen könnte, ich sehe eine Stadt, in der jetzt, in dem Moment, in dem ich sie mir einzuprägen versuche, so unvorstellbar vieles gleichzeitig geschieht. Ernst Bloch sprach von der „Gleichzeitigkeit des Ungleichzeitigen" und meinte damit in erster Linie die Gleichzeitigkeit der unterschiedlichsten Lebensentwürfe und sozialen Verhältnisse – und die Vorstellungen, die sich die Einzelnen davon machen, von denen die einen in der Gegenwart, andere vielleicht mehr als eine Epoche davor leben. Gleichzeitig sehe ich da, unter mir, die kleinen Wohnungen, in denen gestritten oder geliebt und gestritten und geliebt wird, genauso wie die Villen, in denen gestritten oder geliebt und gestritten und geliebt oder und so weiter und was weiß ich und wo noch alles wird. Das ist der Moment, in dem alles da ist, der Moment, den wir nicht beschreiben können.

In Wien kann das der Wilhelminenberg sein, die Jubiläumswarte, der Kahlenberg oder das Schafbergbad, es kann die Dachterrasse eines Hotels oder der Panoramablick eines hoch gelegenen Restaurants sein, und dann liegt die Stadt vor mir, in der ich, seit ich von zuhause weggegangen bin, die meiste Zeit verbracht habe. Das Wichtigste ist, mahne ich mich immer wieder aufs Neue, sich die Neugier zu bewahren, und das ist das Schwierigste an dem Ort, den man zu kennen meint. Die schönsten Momente sind die, in denen man auf dem Weg, den man tausende Male gegangen ist, auf der Straße, die man schon nicht mehr sieht, weil man sie auswendig zu kennen meint, auf einmal etwas entdeckt, das einem all die Zeit über entgangen sein muss. Das stärkste Gegenmittel gegen die Gewöhnung, gegen Abstumpfen und Verschließen aber ist der fremde Blick. Man kann noch so sehr versuchen, fremd im Bekannten zu bleiben, gleichsam Ethnologe der eigenen Kultur zu sein, allein der Blick dessen, der die Stadt nicht kennt, der Blick derer, die zum ersten Mal hier ist, oder und vor allem der Blick derer, die hier nicht sein sollten oder dürften, korrigiert den eigenen.

Da fällt mir ein, dass ich in anderen Städten viel über die anderen Städte notiere, um mir etwas für später zu merken, aber auch, um anzukommen und mir einen Reim zu machen, um Ordnung in das Unbekannte zu bringen, was ja nichts anderes als ein Grundmoment des Schreibens ist: Ordnung in Ungeordnetes bringen. Und da mir fällt ein, dass ich in Wien nicht mehr viel über Wien zu Papier bringe, die kleinen Szenen und Beobachtungen, die mir früher etwas (oder alles) über die Stadt zu sagen meinten, kaum noch in meine Notizbücher schreibe. Also trage ich nach:

Letzten Winter, kurz vor Weihnachten, fuhr ich nach Hütteldorf, um Rapid spielen zu sehen. In der Station, in dem langen Korridor, der von den U-Bahnen vorbei am Schnellbahnaufgang zur Rolltreppe ins Freie führt, versucht sich vor jedem Spiel ein Verkäufer der Obdachlosenzeitung, an Spieltagen natürlich in Grünweiß. Üblicherweise singt er, oder krakeelt, einen Schlachtgesang imitierend, bloß die Zeilen, die er singt, sind seine: „Bitte kaufen (Eine Straße), bitte kaufen (viele Bäume), bitte kaufen Augustin (ja, das ist eine Allee)!" An diesem Tag (oder war es beim Spiel davor?) drang sein Gesang aus einem alten Kassettenrecorder, er stand bloß daneben, eingehüllt in seinen krächzenden Gesang, etwas verloren neben seiner eigenen Konserve. Ich stellte mir vor, wie er eines Tages, wo auch immer, in seiner Wohnung?, in einer Wohnung?, in einer Notunterkunft?, in einer U-Bahnstation?, in einem Park?, einen Kassettenrecorder anstellte und sich aufnahm. In der Halbzeitpause erschien er auf der Südtribüne, wo ich ihn noch nie gesehen hatte, ein riesiges Pappschild umgeschnallt, wahrscheinlich, hoffentlich, hatte man ihn mit seinem Begehr ins Stadion gelassen. Er ging von links nach rechts, um zuerst die eine Seite des Schildes zu zeigen, auf dem „Augustin wünscht frohe Weihnachten" stand, bevor er von rechts nach links ging, um die andere Seite zu zeigen, auf die ein Plastikbecher gemalt war, neben dem „= Geschenk" stand. Ich sah den Becherturm in seiner Hand, kalkulierte, wie viel Einsatz er bekomme, und freute mich.

Im siebten Bezirk, an der Grenze zum achten, genau dort, wo der 13A hält und es früher ein afrikanisches Lokal gab, in dem wir in einem Sommer eine unvergessliche Nacht verbrachten, gibt es einen kleinen Platz, in dessen Mitte die Statue des Lieben Augustin steht. Der lehnt da, besoffen wie eh und je, seinen Dudelsack an sich geschmiegt, oder umgekehrt, und blickt mit weintrunkenen Augen himmelaufwärts ins Irgendwo. Eines Tages kniete eine Frau am Rande des Platzes und streckte flehentlich die gefalteten Hände der Statue entgegen, als betete sie zur Muttergottes. Ich weiß nicht, ob sie einfach von einer Statue etwas erbitten wollte und es nicht so genau nahm, oder ob sie, was ich lieber annähme, von dem Lieben Augustin etwas erbitten wollte. Nur was?

Wenn ich in eine fremde Stadt komme, will ich sie überblicken können. Darum saß ich einmal in Barcelona auf einem Hügel im Park Güell und blickte auf das besetzte Haus gegenüber, blickte darüber hinweg auf einen Teil der Stadt, als eine Gruppe übertrieben athletischer Frauen auftauchte. Ich war allein gewesen, nun standen etwa fünfzehn Frauen, mit denen man keinen Streit haben will, um mich herum, und ein Mann stellte sich in ihre Mitte, hob seinen Plastikbecher, toastete den Frauen zu und sagte: „We are on top of the world, and we are top of the world." Etwas später sah ich die Frauen auf Bänken und Wiesen des Parks liegen, mit Wein- und Bierflaschen, und so manche konnte sich schon nicht mehr rühren. Es war früher Nachmittag, und als ich abends in eine Wohnung kam, erzählte mir jemand, Neuseeland habe heute im Olympiastadion die Frauen-Rugby-Weltmeisterschaft gewonnen. Der Überblick kommt manchmal, wenn überhaupt, erst im Nachhinein.

Clemens Berger

Clemens Berger, geboren 1979 in Güssing, aufgewachsen in Oberwart, studierte Philosophie in Wien, wo er als freier Schriftsteller lebt. Zuletzt erschien „Das Streichelinstitut" (2010) im Wallstein Verlag.

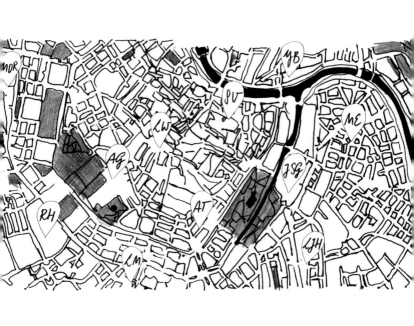

- (LB) Laura Biermann — 02/10/27/33/39/43/48/52/62/67/70
- (LW) Lew Weisz — 01/07/15/18/32/37/55
- (AT) Andreas Thamm — 06/28/45/60
- (SV) Stefan Vidović — 51
- (JSG) Juan S. Guse — 05/13/16/29/44/53/71
- (RH) Rebecca Hürter — 14/24/34/57/64/66/68
- (MOR) Marc Oliver Rühle — 08/22/26/35/54/58/63
- (JK) Johanna Klem — 42/47
- (AG) Anna Gräsel — 11
- (CJH) Cara-Joy Hamann — 12/61
- (LM) Lisa Mauritz — 56
- (YB) Yevgeniy Breyger — 20/31/40/49/65/69
- (ME) Maximilian Engel — 03/38

01

Abriss Sonderbeilage

—

Wiens Innenstadt muss gerettet werden!

Wir veröffentlichen hiermit eine am heutigen Nachmittag erschienene Erklärung aus dem Rathaus:

Aufgrund der täglich steigenden Bedrohung durch terroristische Anschläge, die auch Österreich betrifft, hat der Wiener Bürgermeister Michael Häupl in Absprache mit Magistratsvertretern beschlossen, den Abriss der gesamten Wiener Innenstadt anzuordnen. Aus der Rede des Bürgermeisters:

Liebe Mitbürger und sehr geehrte Damen,

wir haben einen natürlich bedauerlichen, aber in allen Punkten notwendigen und in Hinblick auf die gesamteuropäische Situation vorbildlichen Entschluss gefasst, über den ich Sie in dieser Erklärung in Kenntnis setzen möchte. Der Rückbau Wiens nimmt unseren Feinden die Möglichkeit, das Herz unseres geliebten Landes anzugreifen und zu verletzen. Die Abrissmaßnahmen beginnen morgen um 8 Uhr im 1. Bezirk, dem unserer Ansicht nach gefährdetsten Bereich. Innerhalb der nächsten zwei Wochen folgen die umliegenden Bezirke der Reihe ihrer Nummerierung nach. Umsichtige und geschulte Fachkräfte werden Sie, geehrte Mitbürger, bei der Evakuierung, also der Räumung Ihrer Wohnungen und Häuser, begleiten und unterstützen.
Meine sehr verehrten Damen, liebe Freunde, manch einer wird unseren Entschluss missbilligen, ihn vielleicht sogar mit offenen Worten ablehnen. Wer jedoch so fühlt, wäre auch bereit, seine eigene Familie an den

Feind zu verraten! Das sind harte Worte, aber ich bin davon überzeugt, dass es die richtigen Worte in dieser schweren Zeit sind. Schon sind New York, London und Madrid Opfer böswilliger Anschläge geworden. Wollen wir wirklich untätig darauf warten, die nächsten zu sein?

Österreichs Herz ist die Stadt Wien. Sie zieht jährlich hunderttausende Besucher an – Gäste, die unsere schöne Stadt bewundern und sich hier wohl fühlen, die unsere Kulturangebote und die Atmosphäre der Wiener Kaffeehäuser genießen. In diesen Zeiten, liebe Mitbürger, sehr verehrte Damen, können wir unseren Gästen keine Sicherheit mehr versprechen. Die Angst wird zunehmen und am Ende wird niemand mehr die Reise in unsere schöne Stadt antreten. Wie soll man denn auch eine Melange genießen, wenn man fürchten muss, im nächsten Moment Opfer einer Explosion zu werden? Wir sind bereit, dieser Angst entschlossen entgegenzuwirken.

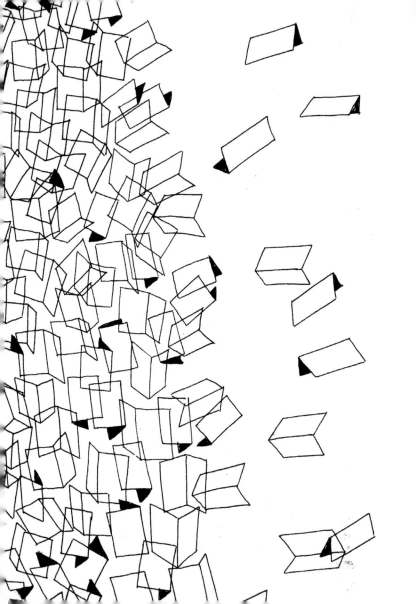

Das historische Zentrum Wiens, das all die bedeutenden Gebäude beheimatet, mit denen Österreichs Geschichte verbunden ist, ist heute Weltkulturerbe. Ich frage Sie ganz ehrlich: Was wäre Wien ohne den Stephansdom, ohne die Albertina, ohne die Hofburg, ohne das Burgtheater und ohne das Museumsquartier? Wollen wir uns diese Orte nehmen lassen? Wollen wir, liebe Mitbürger, sehr geehrte Damen, tatsächlich hören und sehen müssen, dass vor dem Stephansdom eine Bombe detoniert und ein schreckliches Loch in unsere Stadt reißt?
Unser Plan ist ehrgeizig. Wir entwickeln den Entwurf einer vollkommen neuen Ordnung: Wir schaffen die Stadt ohne Kern, eine Stadt, die keine Angriffsfläche mehr für die Machenschaften fanatischer Terroristen bietet. Und sind damit das Vorbild, an dem sich Europa und der gesamte, in großer Gefahr schwebende Westen orientieren werden!
Ich wünsche Ihnen für die kommenden Tage Kraft, Gottes Segen und denken Sie immer daran: Was Sie tun, tun Sie für unser Land, für unsere Zukunft, für ein angstfreies, friedliches Miteinander!

Herzlichst,
Ihr Dr. Michael Häupl
Bürgermeister der Stadt Wien

(LW)

02

Schon allein die Angabe
der Wohnadresse
verrät so einiges über
Sozialstatus,
Lebensverhältnisse,
Perspektiven.

(LB)

U-BAHN

Bitte sich festzuhalten. Bitte NUR mit Beißkorb und Leine. Kein Lametta. Wäre Netta. Schnupfen? www.matura.de. Nächster Mistplatz. Ich kann nicht für Kreisky bereuen. Er wollte die Aussöhnung nicht. Er kocht gern, will (noch) keine Kinder, liebt seit 8 Jahren seine Schulfreundin. Finanziell bin ich abgesichert. Die beste Zeitung zum besten Preis. Seine Freundin Kristina erzählt. Kleinkinder-Leggins 6,99. Margit P. war mit der Tier-Versorgung völlig überfordert. Auf Lidl ist Verlass. Vier Siege in fünf Slaloms heuer. Thomas hat auch viele weibliche Fans. So funktioniert die Ernährungs-Uhr. Gar nicht eifersüchtig? Und angespornt von Lenas Sensationssieg nehmen wir im Mai endlich wieder am größten Wettsingen der Welt teil. Ich bin ein Hund, holt mich hier raus. Mit neuem Biest regieren ab morgen die Desperate Housewives im ORF. Viele lieben ihn – ich gehöre da nicht zu. Denksport für das Wochenende. Erst 2 Jahre alt – und schon sooo erfolgreich. Und ich werd´ immer dicker. Nein, wir sind <u>nicht</u> schleimig, Herr Waltz. Im weltweiten Vergleich liegt Österreich auf Platz 30.

(ME)

Bernhard Pichler (67):
Ich kann mich hier verdrücken,
vor allem verstecken und
stundenlang sitzen bleiben,
Zeitung lesen und nachgrübeln.
Durch die kleinen Nischen fühle ich mich
vor allem ungestört.

Brocken

1 „Der Baum blättert von der Hauswand." Keine Huftiere, die das Aushärten ausharren.

2 Sie, das blaue und das rote Kind, sind spät. Wie sich der Schmuck am Stab mit Gaffa[1] hielt „....und selig sind die Schaaahaaren, geschmückt ist das Gehöööorn." Topfschlagen als sassanidisches Mäandern, vielleicht verloren sie deshalb den Dritten beim Kreuzen des Flusses. Ein Mädchen mimt den Negerkönig, warum muss der laufen, und „Wer hat hier die Heurigenfleischplatte bestellt?" Gott sei dank niemand. Die Kinder sind aramäisch ruhig und gehen nachhause. Eine Betreuerin weißt ihnen den Weg.

3 „Ö. r.W."
„Wien raucht."
„So etwas ähnliches wie Rheuma."

4 Zwei Vögel kämpfen um ein Fenster.
Ein Mann schwingt eine Harke.

𝍩𝍩𝍩𝍩𝍩 𝍪𝍩𝍩𝍩

[1] Gaffa/Gaffer [ˈɡafɐ]
   1 ‹n.› so wie in: Oberbeleuchtungsmeisters Band, haupts. in silbernes, weißes, schwarz nicht
   2 ‹m.› auf Busen lurn[a]

   [a] Aus dem Rhein-Main-Gebiet

(JSG)

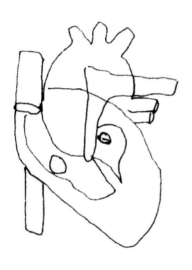

Etwas
Lyrik
vom
Zentralfriedhof
zum
Selbermachen:

folgende Substantive:

Namensträger
Tortur
Auswuchs
Körperkerker
Typografie
Instanz
Aster (Winke-Winke-Verweis)
Gravur
Formation
Acker
Leib

empfohlene Verben (verbleiben im Infinitiv):

wittern
lungern
kompostieren
liegen
flankieren
schichten
stapeln
flattern
zurücklegen

+ und, /, +, (...)

Kleinschreibung beachten, Versenden nicht vergessen.
Fantastisch.

(AT)

07

Nußdorfer Straße.

Ein Mann mit Backbart und Kringellöckchen behauptet, in der Buchhandlung Kuppitsch am Schottentor zu arbeiten. Er trägt zwei zerschlissene Plastiktüten, er sieht nicht aus wie einer, der in einer Buchhandlung arbeitet, oder überhaupt ein geregeltes Leben führt. Es scheint vielmehr so, dass er dort den Tag verbringt, um sich aufzuwärmen. Der Mann sagt:

"Das hier ist die Bronx von Wien, das kann man schon so sagen".

(LW)

heimsuchung I

der festung

mit wucht und wund

löst du mich aus
ich löse dich ein
und
alles
licht
zeit
wille
gibt auf

gleich viel wald und
abgerannte hütten

die minuten kauern zärtlich beieinander
möglich dass sie
unaustauschbar
für das eine mal.

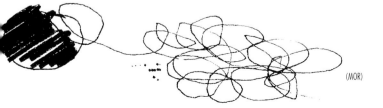

(MOR)

Adal Celik (43):
Coffee to go holen und
durch die Hofburg laufen ist toll,
vor allem im Sommer.

Kollektives Alleinsein katalysiert
die intensive(re) Auseinandersetzung
mit der eigenen Person und
lässt Gedankenstränge aufribbeln.

(LB)

Beschaffung der Burg

die alte Frau
ihr kranker Mann
mein Glück
fügt, führt durch
die Ahnengalerie alle
schon lange
tot und eigentlich
geht es auch dem Mann nicht gut

MQ

Allein unter Blut
Das Schlachthaus im U3
Husten schallt doch
Nicht allein aus
Richtung Bruce Naumann
Der ganz
Ruhig anders Günter
Brus pinkelt durchsichtig in
Ein Glas Wasser will
Er trinken

dem nackten gegenüber
körper plötzlichlich ich
ganz glaskästchen und
kameltrendlabyrinthe
überall die rote
stadt meines
kinderkleiderschrankes

Im Café K. trägt man
Schwarz immer bereit
Zu Grabe zu
Tragen die neonfarbenen
Karten ein unglücklicher
Versuch sich den
Blumentöpfen schöner
Wohnen anzupassen, herrschen
Sollte
Lippenstiftpflicht in Glitzerlichtmentalität
Ein Weihnachtsstern steht
Allein der Geist V
Wie Vienna nach
Offizieller Farbpalette.

Auf dem

Bewacht Lessing
Das Gasthaus der Wiener
Wirte nachbarschaftlich vertraut
mit dem Bieradies ich
erkenne Rachel W.
erst als meine Flasche
bereits auf ihr
steht trete beschämt
Zurück Erschrocken
wieder vor und
beschließe nicht
Angst zu lassen

(AG)

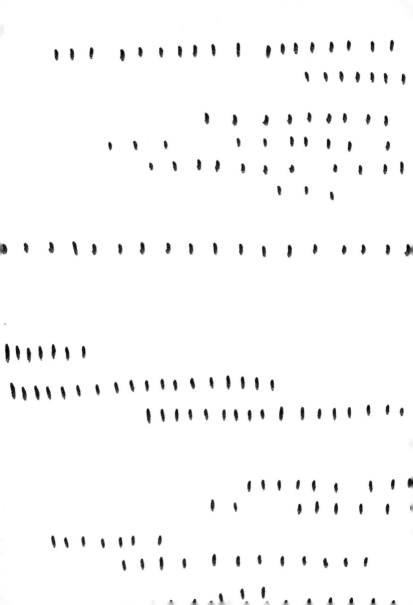

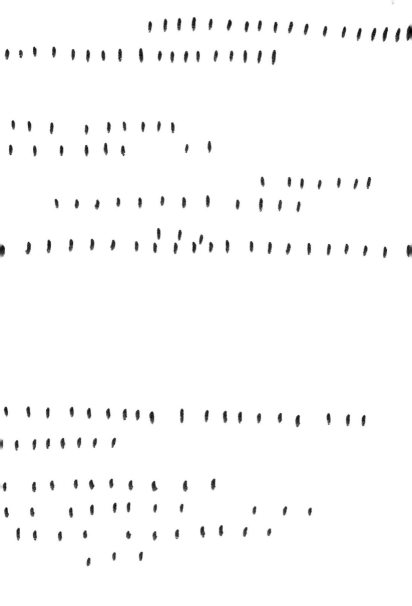

Marie

Wie jeden Tag betritt der Mann das Kaffeehaus „Bräunerhof" um 14 Uhr. Er setzt sich auf seinen Stammplatz – ein Zweiertisch direkt am Fenster. Er setzt sich mit dem Rücken zum Kuchenbuffet, das sich in der Mitte des Kaffeehauses befindet, hängt seine zerrissene Lederjacke an den Kleiderständer neben der Kasse und nickt der Kellnerin höflich zu. Sie beginnt, eine Melange vorzubereiten. Als sie mit einem kleinen Silbertablett zu dem Mann kommt, starrt dieser schon gedankenverloren aus dem Fenster. Er erschrickt kurz, als die Kellnerin fragt, wie sein Tag war, und antwortet wie jeden Tag: „Gut gut." Er zündet sich eine rote Gauloises an und nimmt einen Schluck von der Melange. Die Kellnerin kann nicht aufhören, ihn zu beobachten. Er sitzt am Fenster und blickt den vorbeilaufenden Menschen nach. Sie fragt sich, was er wohl denkt. Er fragt sich, wie er an diesen Punkt seines Lebens gelangt ist.

Zuhause bastelt er an seiner Modelleisenbahn. Er erweitert die Landschaft um Elemente, ordnet sie anders an oder sieht der Bahn zu, wie sie ihre Runden durch die perfekte Landschaft fährt. Er denkt an die Menschen aus seiner Vergangenheit. Jeden Tag kommt er an seiner alten Wohnung im sechsten Bezirk vorbei. Er geht absichtlich Umwege, um die Wohnung zu sehen. In glücklichen Zeiten lebte er dort mit Marie. Wo Marie jetzt ist, weiß er nicht. Er fragt sich, was sie tut, ob sie jemanden Neues kennen gelernt hat. Wie sie wohl aussieht. In seinem Gedächtnis ist sie nicht gealtert, aber er weiß, dass das nicht stimmen kann. Er weiß, dass sie ihn nie anrufen wird. Sie wird sich niemals nach ihm erkundigen, wird ihm nie schreiben, dass er weitermachen soll. Sie ist wahrscheinlich gar nicht mehr in Wien.

(LJH)

Pflichten der Miliz

Noch einmal kann ich es nicht lesen. Mein Bruder sagt, jeder muss. Wenn wir diskutieren, sagt er, ich hätte nicht alles verstanden, aber viel. So oft wurde es gelesen, dass es auseinander fällt. Mein Bruder hat es abgeschrieben und übersetzt. Er arbeitet die vierte Fassung auf Deutsch aus. Er sagt, das hilft ihm für unser eigenes Buch.

Fjodorow[2], einen wie Fjodorow bräuchten wir. Der würde den Zentralfriedhof ausmisten. In einen Wartesaal verwandeln. Fjodorow. Jeden Heller dieses Reichs in sein Museum stecken. Das wäre gerecht. Fjodorow in sämtliche Ämter zu setzen. Sich jede Judengranate aus Holland zu sparen, das wäre richtig.

Wir sind Brüder, sagt er. Mit den Osmanen habe er den Balkan eingekesselt. Ich würde nicht mal ein Buch lesen. In Cer haben wir den Krieg verloren. Ich frage nicht mehr nach den Zahlen aus Cer. Auf die Straße wollten wir gehen. Das Kapital jedem Wiener in die Hand geben und unser Buch. Das Buch über Fjodorow.

---

2 Michael Hagemeister: „Unser Körper muss unser Werk sein." Beherrschung der Natur und Überwindung des Todes in russischen Projekten des frühen 20. Jahrhunderts, in: Boris Groys, Michael Hagemeister (Hrsg.): Die Neue Menschheit. Biopolitische Utopien in Russland zu Beginn des 20. Jahrhunderts. (= stw; 1763). Suhrkamp, Frankfurt am Main 2005, ISBN 3-518-29363-X , S. 19–67

Die Karabiner, Husaren, Dragoner, jede Batterie, deutsche Haubitzen, Mörser, Fregatten, Kürassiere, Ulanen, Kasachischen Reiter, jede Miliz, Ortelgeschütze, das Bajonett, das Senfgas. Sie dekorieren das Museum und bevölkern es im Sozialismus.

Wir hatten von den Biokosmisten, den Immortalisten in Moskau gehört. Mein Bruder schrieb ihnen Briefe. Nachts zeigte er sie mir, fragte, ob das alles korrekt sei, ob das höflich sei. Wir sind doch alle Genossen, erinnere ich ihn. Er umarmt mich und sagt, ich solle weiterschlafen. Der Briefträger sagt, wenn ich diesen Hund nicht an die Leine nehme, wirft er unsere Post in die nächstbeste Pfütze.

Der Glänzende Lackporling. Ein anderer kann es nicht sein. Ein Saprophyt. Mit Heilkräften, die den Kulturen Asiens längst bekannt sind. Ein Potential, das Fjodorow nicht erforschen konnte. Aber wir, mein Bruder. Wir gehen in den Wald. Bei den Eichen will ich dich sehen und den Rotbuchen und Fichten. Mit ihm mörteln wir die Wände des Museums.

𝄜 𝄜 𝄜 𝄜
   𝄜 𝄜
     𝄜

Mein Bruder sagt, ich solle vorlesen. N.D. schreibt von Stolz auf ganz Wien durch unser sozialistisches Wirken. Dass wir uns den sozialistischen Parteien vor Ort nähern sollten. Dass wir sie an ihre Pflicht als Marxisten erinnern müssten, vom Staat Verjüngung und Unsterblichkeit für alle Bürger zu verlangen. Jeden Heller.

...den Verstorbenen die Möglichkeit geben, an der sozialistischen Zukunft zu partizipieren.

Er liest mir immer die selbe Passage aus unserem Buch vor. Er schreibt es alleine und berichtet von unseren Fortschritten.

...ohne privates Eigentum. Denn an dem Tag, an dem wir unsterblich werden, verlieren wir das letzte Stück.

Fjodorow schreibt: Wir müssen sie wiederbeleben. Bruder geht auf und ab, spricht von der Technik, den Erkenntnissen aus der Naturwissenschaft, dass es bald nichts mehr zu entdecken gäbe. Er sagt, dass ich recht habe. *Uns gehört ein Stück Zeit. Das ist absurd.*

Wien wird neubevölkert.

Wir ziehen uns dick an. Er erzählt mir eine Anekdote über Fjodorow. Ich habe meine Mauser, Spaten und kein Licht. Der Friedhof wird bewacht. *Sozialismus oder Tod,* er küsst mich auf die Wange.

(JSG)

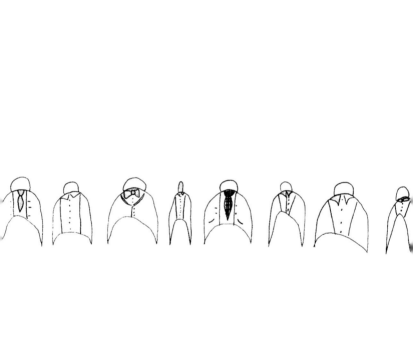

Lukas Bauer (25):
Weil es zur Tradition gehört. Früher saßen wir hier oft einfach so mit Freunden rum, heute treffen wir uns zu Geschäftsbesprechungen. **Ich bin nicht wegen des Kaffees, sondern wegen der Atmosphäre hier** — Kaffee ist nettes Nebenbei.

(RH)

15

Ein alter Herr im Café Hawelka

Das legendäre Café Hawelka im 1. Wiener Bezirk. Ein alter Herr – er hat die 90 schon weit überschritten – sitzt in der Bank hinter mir, mit einer etwa 50 Jahre alten, weiblichen Begleitung. Es ist 20 Uhr an einem Samstagabend. Angesichts der Stadt in der ich bin und des Alters meines Gegenübers, drücke ich mich eigenartig gewählt aus. Der alte Mann bemüht sich um eine nicht durch das Österreichische geprägte Aussprache, sonderlich schwer fällt es ihm nicht.

– Entschuldigen Sie bitte, können Sie mir sagen, ob diese Lokalität bald schließt?

– Bitte?

– Ich fragte mich, ob das Café bald schließen wird?

– Nein. Ach, Sie können hier noch ruhig zwei Stunden sitzen. Sehen Sie, das Hawelka sperrt erst um ein Uhr nachts zu. Jetzt ist es [sieht auf seine Armbanduhr] acht Uhr, also haben Sie sogar noch fünf Stunden.

– Ja, da kann ich ja noch lange hier sitzen. Vielen Dank für die Auskunft!

– Gern geschehen. Sagen Sie, erwarten Sie noch jemanden?

– Nein.

– Na, was tun Sie dann hier? Ah, Sie schreiben. Was schreiben Sie denn da? [verschmitzt] Etwa Ihr Tagebuch?

– Nein, das sind nur Notizen.

– Ah ja, ich verstehe. Aber heißt das dann, Sie sind, äh, Sie sind Autorin, ja?

– Das könnte man so sagen.
– Ach, schau an. Sieh mal einer an, eine Autorin also. Und dann kommen Sie hier ins Hawelka, um sich einen Anstoß zu holen, sehe ich das richtig?
– Ja, schon. Es sitzt sich hier ganz angenehm.
– Ah ja, hm. Und darf ich fragen, was Sie studieren? Sie studieren doch noch, Sie sehen noch nicht so alt aus, als hätten Sie schon ein Diplom in der Tasche.
– Doch dürfen Sie natürlich. Ich studiere Kreatives Schreiben.
– Na, jetzt wird es aber ganz verrückt. Sie scherzen!
– Nein, das studiere ich tatsächlich.
– Nein, das kann ich nicht glauben. Wo gibt es denn so etwas – an unserer philosophischen Fakultät etwa?
– Ich studiere an einer deutschen Universität.
– Herrje, und dann schreiben Sie hier so über Wien. Na, so kann es gehen. Was ist denn das? [greift beherzt nach einer Liste von Textsorten, die auf dem Tisch liegt, liest aufmerksam] Oh ja, Witz finde ich gut, Witz ist etwas Wertiges. Nur, Sie müssen wissen, ich bin ja eigentlich gar kein witziger Mensch. Da muss man ja auch so kreativ ... Besonders gut erzählen kann ich Witze nicht. Aber einen

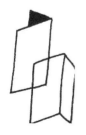

Witz gibt es doch, den ich Ihnen erzählen könnte. Wollen Sie den denn hören?

– Nun ja, gern.

– Also: Ein älterer Herr so auf seinen Stock gestützt sitzt im Zug einer jungen Dame gegenüber. Sie trägt rote Schuhe auf schwarzen Socken. „Oh, Madame, rouge et noir", sagt der Herr. Wie beim Roulette. Spielen Sie Roulette?

– Nein, leider nicht.

– Na, nicht so schlimm. Jedenfalls antwortet die Dame wie beim Roulette: „Oui, Monsieur, je mis mon jeu." – Verstehen Sie denn französisch?

– Nein, auch das nicht.

– Herrje. Das heißt so in etwa: „Ja, mein Herr, ich setze mein Spiel." Naja, jedenfalls antwortet der Herr: „Rien ne vas plus." – „Nichts geht mehr", heißt das auf Deutsch. Verstehen Sie, ein kleiner Flirt, einfach in den Worten, die man beim Roulette ganz oft hört. [Höfliches Lachen auf beiden Seiten.] Na, aber, wie gesagt, das ist der einzige Witz, den ich erzählen kann. [Dreht sich weg, so als würde er das Gespräch beenden wollen, wendet sich wieder um.] Na, hören Sie noch, Sie wären ja gar nicht mein Typ! Ich suche ja jemanden mit schmalem Gesicht und keine schwarzen Haare. Blond ist mir lieber. Wo kommen Sie gleich noch einmal her?

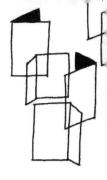

– Aus der Nähe von Dresden.
– Ah ja, aber Ihre Eltern sind doch eingewandert, was!? Ihre Eltern sind doch keine Deutschen.
– Doch, das sind sie.
– Da ist nichts anderes mehr dabei? Polnisch? Russisch?
– Meine Großmütter kommen beide aus Schlesien.
– Ach ja, sehen Sie, da kommt es her. Ich selbst nenne mich ja einen Deutschen, auch wenn ich aus Österreich komme.
– Na, das hören die Österreicher bestimmt nicht so gern.
– Nein, aber ich sage es trotzdem mit Stolz. Und: War das nicht die größte Sauerei, was die damals mit Schlesien angestellt haben? Schnipp-schnapp, einfach abgetrennt. Ich frage Sie: Wer war der größte Kriegsverbrecher? Wer?
– [Schulterzucken]
– Dieser Truman. Truman, der die Atombomben über den Japanern abgeworfen hat. Und bald danach kommt Dresden. Dresden ist genau so eine Sauerei gewesen. Die größten Kriegsverbrecher sind die Alliierten, sage ich Ihnen, da kann mir keiner was anderes erzählen! {wird von seiner um Jahre jüngeren Begleitung unterbrochen, weggezogen}

(LW)

Ballistisches Jagen

Das Gewebe, also, was das Zeug hält, ein Format, wie Damast, bei dem sich kett- und schusssichtige Partien abwechseln, wodurch Figuren eingewoben werden können, ins Zeug. Der Zeugwart, den gab es ja auch.

Oder so zum Beispiel. Dieser Schlot löst sich auf, eine Reuse im Wasser.

Wenn ich einen Wasserballon lose fülle und gegen ein Gesicht werfe, dann teste ich, was das Zeug hält; eine Kugel von Innen nach Außen ohne Risse stülpen. Es gibt diese Wellen, die auch Pfützen haben, ohne sich vom Fleck zu bewegen. Wie das möglich ist, ist nicht ganz klar.

(JSG)

Diana Krupp (23):
Einige meiner besten Skizzen sind hier im Café Hawelka entstanden. Scheint mich irgendwie zu inspirieren und man hat seine Ruhe. *Coffee to go* hole ich mir vor der Uni, um mich wach zu halten, das sind also zwei unterschiedliche Dinge für mich, **ich brauche beides.**

beginn einer triologie ueber den sich ver- zehrenden ueberdruss

Ich lebte in der fröhlichen, ja ausgelassenen Gesellschaft junger Aristokraten, jener Schicht, die mir neben den Künstlern im alten Reich die liebste war. Ich teilte mit ihnen den skeptischen Leichtsinn, den melancholischen Fürwitz, die sündhafte Fahrlässigkeit, die hochmütige Verlorenheit, alle Anzeichen des Untergangs, den wir damals noch nicht kommen sahen. *(Joseph Roth: Kapuzinergruft)*

beginn einer triologie ueber den sich verzehrenden ueberdruss

die vier jungen typen, die seit sechzehn uhr im hawelka sitzen, auf ihrem tisch, bis zweiundzwanzig uhr sammeln sich an die vierzig flaschen bier an, die krakeelen, englisch-oesterreichisches kauderwelsch, es beschwert sich niemand. das ist scheinbar strategie. immer zwei sind laut und ordinaer und eklig, die anderen sitzen mit dem halben arsch auf der stuhlkante, stuetzen die ellbogen auf die knie, machen kleine augen, ziehen die brauen unter die geschwungenen ponys. und sie unterhalten sich ueber philosophie, ueber philosophie, rassenlehre, den sieg des geists ueber den koerper, die asozialen, die reichen, den wahnsinn, den sinn der kunst, ueber kuenstler, ueber ihre projekte. kuenstler leben laenger. diese beiden hoert man nicht, die brabbeln biertrunken in ihre jungenbaerte. einer schreit nach wodka und einer schreit nach wein. irgendwann wechseln sie sich ab, im lautsein, im gewichtigen geschwafel, die vier jungen typen passen gar nicht, passen hier nicht rein, sie mischen die bude ganz schrecklich auf, im hawelka betrinkt sich doch keiner oder im hawelka betrinkt man sich stillschweigend, fuer die touristen, glas fuer glas, flasche nach flasche, hochprozentig, besonders fuer die beiden tussis, die seit zwanzig uhr auf einer sitzbank luemmeln, sind die vier jungen typen eine sehenswuerdigkeit, ein gedankensouvenir. die herren ober haben alle einen stock im arsch, zu viel pomade im haar, haarpomadenstockaersche, die herren ober schauen sich den tisch, an dem die vier jungen typen poebeln, mit einer pikiert hochgezogenen augenbraue an, die herren ober bringen mehr bier und diesmal auch wein, jedem ein glas, der profit ist ja absehbar, die herren ober denken nicht an die anderen gaeste, die im hawelka beschaulich zusammen sitzen, die hier dieses bild suchen, diese anderen gaeste kommen nicht klar, auf die neue welt, diese anderen gaeste wollen keine leuchtreklame, keine superkonzerne, keine globalisierung, keinen bachelor, diese anderen gaeste wollen die ewigen goldenen zwanziger, keiner von ihnen hat sie gesehen. aber die vier jungen typen duerfen hier poebeln, sie werden zahlen, vielleicht waere es unhoeflich, ihnen zu sagen, dass sie stoeren, die vier jungen typen sind unhoeflich, sind hier die jugend, sie sind interessant, dabei ist wohl alles nur namedropping. name. theorie. these. argument. gegenargument. sieg für die eine oder andere seite, bestaendig am kaempfen, die vier jungen typen, die krakeelen, irgendwann nur noch lallend, einer ist lauter, aber am wenigsten betrunken, der eine junge typ trinkt hektisch alles aus, denn die anderen drei jungen typen werden der show muede, sie greifen nach ihren jacken. muetzen. schals. handschuhen. sie packen sich ein. einhundertvierundsechzig euro haben sie versoffen, das muessen sie wohl zahlen, die großen redner, die werden kleinlaut, der unzufriedenste der vier jungen typen, der unbetrunkene, stolpert eilig zur tuer, sein kopf faellt ihm fast von den schultern, er dreht sich um, reisst den blick ins café, er verabschiedet sich von den anderen gaesten, von den herren ober, von den touristen, von den tussis, am ausgang macht er dem kaffeehausinventar die letzte szene: jetzt, meine damen und herren, geht doktor faust. ich war doktor faust. doktor faust geht jetzt und bedankt sich. APPLAUS! APPLAUS!

(LW)

Im Café Landtmann leisten wir uns
Wiener Melange und Sachertorte für 10 Euro.
Wer kann sich das leisten?
J. sagt: „Es gibt einfach Gründe,
reich zu sein. Einer davon ist so was."

landtman //

den pudel an der leine
wie die guccitasche
vor der sitzbank
braucht sie nicht so
wie die kippe im mund
will aber
stellung beziehen im
café landtman so
sitzt sie da: reich
an mélange
an schulterblicken seitwärts
verknallt in ein stück
pappe das menu

(YB)

Uta Schmitz (57):
Das ist vor allem was für junge Leute, die der Meinung sind, sie hätten zu viel zu tun. Wenn die einen Kaffee trinken wollen, dann unterwegs, da geht's um den Kaffee, **im Kaffeehaus geht es nicht um den Kaffee – nein ganz sicher nicht.**

FLUG

SCHNEE

Eine fünfköpfige Reisegruppe, der ich angehöre

Ein beobachteter Mann

Vögel, Lebensraum Stadt

Ein Polaroid, sowie ein weiteres

Ein Taxifahrer, mit dem Rücken zu uns

Eine Frau, hinter Glas

Schneearten, je nach Witterung

Wir langweilen uns. Bildschirm, Touchpad, Handbewegungen. Wir sehen unseren Planeten an. Alles ist möglich. Er lässt sich in alle Richtungen drehen. Mit Daumen und Zeigefinger, wie wir wollen. Die Abbildungen sind kontraststark programmiert. Wir machen ihn nah, ziehen auf einen Kontinent zu, schweben über ein beliebiges Land, übersät von erdüblichen Farben und wählen eine zufällige Region. Wir beobachten ein Stück eingefrorene Großstadt, ein Relief einer uns anonymen, urbanen Gegend. Wir zoomen uns über die Autobahnabfahrten und Umgehungstrassen, über die Hauptadern in die Seitenstraßen und Sackgassen, an Eckkneipen und

einigen verwischten Fassaden vorbei. Verschwommene Hausnummern. Davor wieder deutlich erkennbare Asphaltstreifen, Bordsteine. Eine Eiseskälte wird an den Abgasen sichtbar. Die Autos rauchen und dampfen; hüllen die Straße in einen weichen Kokon.

Wir fokussieren zunächst gleichgültig ein unauffälliges Wohngebiet und bewegen uns auf einen zusammenhängenden Häuserblock zu. Krähenschwärme bilden schwarze Flecken auf dem schneeweißen Dach. Uns sticht ein sperrangelweit geöffnetes Fenster ins Auge. Die Kunststoffrahmen um das Fensterglas sind grau und fleckig und auf den unbepflanzten Blumenkästen davor staut sich eine Handbreit Schnee. Wir erkennen eine großgewachsene männliche Person; sonst sehen wir niemanden. Wir betreten die Wohnung durch das offene Fenster, aus dem leichter Essensgeruch dringt. Die Wände, an denen wir entlang schleichen, sind kahl, und die Raufasertapete unter unseren Händen ist kalt. Wir stellen uns in einem Halbkreis in der Küche auf.

Der Mann dreht sich mit gedrungener Haltung um seine eigene Achse. Er wirkt in sich versunken. Wir beobachten, wie er ganz langsame und leise Bewegungen ausübt. Er sieht liebenswert aus. Seine Gesichtszüge strahlen etwas Anmutiges aus. Wir können es nicht genau ergründen. Wir meinen, darin etwas zu erkennen, eine ungefähre Biografie, eine Geschichte um jeden Preis. Uns wird ein wenig bang ums Herz. Wer ist dieser Mann? Drei Töpfe und eine Pfanne können wir auf den Herdplatten der Kochnische zählen. Für wen bereitet er diese aufwendige Speise? Ein Wettbewerb der Gedanken. Wir verharren bei ihm und warten, dass etwas passiert. Wir schauen ungeduldig aus dem Fenster. Der Schneefall draußen hat zugenom-

men. Ein Gefühl bricht vor uns auf. Als das Publikum dieses Mannes können wir uns alles vorstellen.
Die üblichen Handgriffe und alltäglichen Wiederholungen. Die kleine Neubauwohnung mit ihren Einbauressourcen. Die mechanischen Bewegungen. Er findet sich chronologisch zurecht. Er ist eine Liste geworden und handelt sich ab. Er verwendet dasselbe Geschirr und deckt den alten Massivholztisch in der engen Fliesenküche wie damalig ein. Dieses Möbel ist neben dem sperrigen Doppelbett und der Bestuhlung das einzige Stück aus ihrem gemeinsamen Haus. Lange ist es her, da fuhr er noch mit der Linie 49 raus und sah im langsamen Vorübergehen den Rhododendren seines alten Gartens hinterher, wie sie weiter wachsen, wie der Putz der Wetterseite sich verändert, wie das weitläufige Grundstück verfremdet, wie es nichts mehr mit ihm zutun hat.

Er verwendet Geschirr aus dieser Zeit und platziert drei Teller, drei Gläser und je zwei Silberbestecke. Zuletzt kleine Löffel. Ganz vorsichtig legt er sie hin. Die Tischplatte, ein Speicher der Gewohnheiten, nun Abwesenheiten.

Die Ränder von Rotweinflaschen und übervollen Kaffeetassen. Sie schwenkte sie einst energisch gestikulierend in der Frühe über der Tageszeitung, über den Marmeladengläsern, Himbeere und Marille. Die Schnitte durch die Äpfel und Birnen ins Holz, Proviant für die Schulpausen. Die flüchtigen Notizen über die Papierränder hinaus in die Maserung hinein, Listen, Filmtitel, Telefonnummern, eine ihrer Bleistiftblumen aus Langeweile; eingraviert. Während er die Servietten faltet, beobachtet er die Spatzenschwärme am gegenüberliegenden Fenstersims. Ein dünner Schneefilm ist übernacht an der Fassade heraufgeweht und von den wenigen Sonnenstrahlen vereist worden.

Die Kartoffeln berühren bereits das zarte Mittelstück der Gans. Er nimmt als letztes vom jungen Rosenkohl, stößt mit einer Schöpfkelle metallen gegen die Sauciere und arrangiert das Mahl auf seinem Teller. Mehrere Tage wird er davon essen können, es sich zu kleinen Portionen aufwärmen.

Drei schwere Polsterstühle stellt er dazu, so dass sie zu einer Seite offen und seitlich schräg von der Tischkante abstehen. Wie eine Einladung. Er rückt sich heran, die Lehne zuckt knurrend, sonst bewegt sich nichts. Wir halten den Atem an, um nicht aufzufallen. Nach einer Weile, die ein Gebet hätte sein können, führt er ein getunktes Kartoffelstück zum Mund und stößt mit äußerstem Gabelzacken gegen einen Schneidezahn. Auf den anderen beiden Tellern liegt seichter Schnee. Auf dem klaren Porzellan kann man ihn fast nicht erkennen.

Wir müssen an die Luft, um darüber nachzudenken, ob wir uns diese Neugier antun wollen. Die Winterwiese im Hof ist vom karstigen Schnee gestaucht. Die Wäschestangen halten einen eisigen Saum wie eine Folie um sich. Orangenschalen fallen aus dem achten Stock. Sie sind das einzig Farbige in der Umgebung. Die Schalen prallen auf die Kristalle und sinken dann in die obere Neuschneeschicht. Wir

sehen ihn von der dritten Etage aus in das vom Hof offen gelassene Himmelsstück starren. Ein Funkeln in seinen Augen. Ein Luftzug? Schnee? Wir wissen es nicht. Das stundenlange Starren. Das sehen wir.
Eine Zeitschaltuhr entzündet die Lichtsäulen im Innenhof. Sie säumen den Weg an einzelnen Blautannen entlang zu den Mülltonnen. Vieruhr also. Blaue Stunde. Es ist Zeit zu ihm zurückzukehren. Die knöchrige Kälte zieht in das kleine Wohnzimmer. Über seinem halboffenen Hemd nur ein Mantel, dessen Ärmel undurchzogen von Armen, lose wie nicht zugehörig, herab hängen. In der linken Innentasche des Mantels stecken zwei Polaroids. Die oberen scharfen Kanten stehen über die Öffnung der Innentasche hinaus und kratzen durch das dünne Hemd hindurch leicht an der Haut. Die Farben überbelichtet, verblasst; Motiv: Meer mit weitem Strand im Hintergrund, drei Oberkörper, alle haben Wind in den Haaren. Der Ausschnitt des zweiten Polaroids schneidet die Gesichter unterhalb der Wangenknochen.

Heute ist ein beliebiger Sonntag und die Kirchturmspitzen schneiden den Glockenwind. Der Mann schließt das Fenster zum Hof; verschließt den Glockenklang. Die Polaroids zwicken bei den Armbewegungen. Er hat eine Schneewehe abbekommen und wischt sich über die Stirn. Sein Gesicht glüht, der Brustkorb drückt. Er entscheidet sich für einen Spaziergang durchs Treppenhaus. Am Geländer kann man die Handwärme der Nachbarn fühlen, manchmal auch nur den Schweiß, oft nur

den Schweiß. Er ist gespannt, seit mehreren Tagen war er nicht im Hausflur. So weit werden die Schneemassen schon nicht vorgedrungen sein.
Beim Schnüren der Schuhe fällt eines der Polaroids auf das Laminat. Ihm war als hätte er sie zu Boden fallen lassen und sie seien Figuren aus Glas. Uns ist als hörten wir einen Aufprall. Er senkt seinen Blick, hebt das Polaroid, dreht es, fährt mit dem Zeigefinger über die Fotofläche. Wir beobachten, wie er durch das Treppenhaus ins Erdgeschoss starrt. Wir erkennen hinter den Scheiben des Aufgangs den breiten Fluss und zwei Brücken. An den Pfeilern werden die Schollen zerbrechen. Nichts weiter. In diesem Moment schneit es am Strand in seinen Händen. Ebendann, als er den Hintergrund der Polaroid-Aufnahme berührt, bleiben die Kristalle an seiner Fingerkuppe haften. Uns Beobachtern wird das Weiteratmen gebremst. Wir können es nicht glauben. Er geht zurück.

Manchmal hört er ein Läuten.

Das Rauschen im Hörer der Sprechanlage. Eine Art Mollton. So hört sich niemand an. Keiner würde sein Klingelschild berühren, außer den Postboten, aber der letzte Brief ist Jahre her und er ist ungeöffnet. Er will andere als diese, jene tatsächlich formulierten allerletzten Worte behalten. Ihre Sätze, die ihn ausschmücken. Ihre Schönheiten. Wir sind bewegt und verwirrt. Wer ist sie?

Und ein Kind? Wir dringen nicht genügend vor.

Regungslos sitzt er winterfest bekleidet am Tisch. Er weiß sie, die Sehnsucht in seinen Gedanken, solange zu formulieren, wie er sich

erkennt. Lebensläufe sind Liebesverläufe. Heute ist ein weiterer Tag, ein Fühlland draußen, deckungsgleich mit einer weitläufigen, weichen und einnehmenden menschenleeren Landschaft. Eine Frage des Winters. Seine Zunge schwer vom Schnee. Er macht es ganz laut, bis niemand von ihm hört. Die Bilder in ihm.
Auf der Straße parken Familienwagen aus fremden Städten. Grauer Mischschnee, vom Asphalt verschmutzt klemmt er an Radkappen. Aus Spuren werden Linien. Unter den lebenslosen Ästen der Platanen, welche die Hauptstraße begleiten, steigt er mit uns in ein Taxi. Er lässt sich die Frage stellen: Ziel? Schnee ist brutal, sagt er. Er verwischt und verschmiert, er erstickt und verschluckt. Er verliert. Irgendwann ist er abgelaufen. Der Schnee; ist abgelaufen. Fahren sie einfach los. Ich möchte nicht Schritt für Schritt weniger werden, mir aus den Händen gehen.

Das Motorengeräusch ist von der Winterlandschaft abgeschwächt, fast erlegt.

Es ist, als sei er in das Taxi gestiegen, um seit uns unbekannter Zeit mit einem Menschen zu sprechen. Auch wenn der Fahrer nichts erwidert. Wir zwängen uns neben ihn auf die Rückbank. Die, die keinen Platz finden konnten, rennen neben her, bald darauf verlieren sie den Anschluss, das Taxi aber nicht aus den Augen. Uns erscheint die Wahl, die auf einen Taxifahrer fiel, plausibel. Auch wenn er nur zu einem Rücken spricht. Der

Fahrer klemmt ein Flaschengetränk zwischen seine Beine, legt seine Buchlektüre, ein dunkler Festeinband, auf den Beifahrersitz. Die Schimmer der Straßenlaternen verraten keinen Titel. Der schwere Mercedes findet sich unentschieden zurecht, nach einer Kette von Abbiegungen und Kreuzungen, Blinklichtrhythmen und Funkwellen steigt er in den minutenalten Schnee zurück. Wir sind im Kreis gefahren.

Hinter einem fremden Fenster der Parterrewohnung, die an den Hauseingang grenzt, steigt eine Frau in einen Ganzkörpertauchanzug und zieht sich an einer unauffälligen Naht zu. Wohlmöglich die Anprobe einer Urlaubsvorbereitung. Sie zwängt ihre langen Haare unter die in den Anzug eingebundene Bekappung. Ihre Wangenpartie ist nun ein heller Ort gegen die tiefschwarze Verkleidung der Haut. In dieser Beobachtung versunken, bedeckt seine Kopfhaut frischer Schnee vor der Tür. Er steht still, fasziniert von einer Hülle gegen Temperatur und Empfindung. Auch ihre Weiblichkeit wird verborgen. Die Frau scheint unempfindlich und unerreichbar in ihrem Anzug. Er stellt sich Schnee vor, wie er auf dem Neopren zerplatzen würde, stünde sie ihm jetzt gegenüber. Wir folgen ihm in seine Wohnung. Sehen ihn nach kurzen Überlegungen einschlafen. Als wir uns erlauben, das kleine Nachttischlämpchen auszuknipsen, fällt uns auf, dass von der Zimmerdecke Schneetau tropft und sich wie Wachs auf den Schlafenden gießt. Wir wollen seine Hand streicheln. Er regt sich kaum. Dem Schlaf geschuldet, zeichnet sich eine winzige Erlösung ab.

Äste versperren uns den Morgen und ragen ins Badezimmer. Wir trauen unseren Augen kaum. Dicker, nasser Schnee auf den Armaturen, lauter Schnee in der Badewanne. Die Zweige, welche die Sicht in den Spiegel verhindern, sind schneebeladen. Er hastet zum Badefenster und reißt das Fenster der Dachschräge nach oben in den Himmel. Ein mechanischer, hydraulischer Ruck.

Er sieht auf direktem Wege in eine weit entfernte Sonne. Dann nimmt er den Duschkopf und hält mit heißem, brühenden Strahl gegen die Schneelager. Es zischt. Er lächelt. Die Kristalle zerplatzen unter dem Druck. Das entstehende Wasser breitet sich bis zu seinen Knöcheln aus.
Wir sehen beschämt nach draußen. Am täglichen Himmel preschen die Flieger entlang, ziehen Fluglinien und skizzieren mit Kondensstreifen Kreuze. Die Stadt darunter – verklebt mit Schneearten. Er steht am Fenster und sieht uns an; dann weg. Wir schauen beschämt zu Boden. Entlang der Friedhofsmauer vorm Haus verläuft eine Bahnlinie. Wenn Züge kommen, weiß er nicht wohin. Vereinzelt stehen Eichen, sie blättern im Herbst auf die feuchten Schienen. Manchmal sieht er sich fortgehen, seinen Bezirk verlassen. Alles zurücklassen. Er wechselt die Straßenseite, geht über den Bahndamm. Die Schienen sind stumpf vom Eis. Der Mond, angedeutet am Himmel. Wir sehen hinterher. Nur noch schemenhaft, von hier oben, eine kleine Gestalt. Vielleicht nimmt er sie in seinen Armen zu sich, denken wir. Er sieht seinem Atem zu. Der neblige Hauch des Ausatmens streichelt den dünnen Schnee.

(MOR)

23

Der Opa in der Badner Bahn,
der aus Unterhaltungslust
ein Gespräch beginnt,
indem er einen über die richtige Art,
seine Hände einzucremen, belehrt
und ein wenig Handcreme
zum Vorführen wünscht.

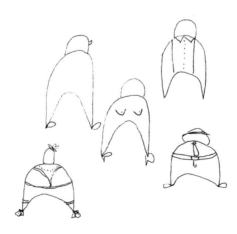

Zwischen Kaffeehauskultur und Coffee-Shops

Leise Klaviermusik erklingt, Rauch liegt in der Luft, leicht gedimmtes Licht fällt auf antik wirkende Holzmöbel und Wände mit feinen Verzierungen: so oder ähnlich erscheint einem die Atmosphäre, betritt man eines der zahlreichen Wiener Kaffeehäuser. Die Stimmung ist fröhlich aber reserviert. Gruppen sitzen entspannt redend nebeneinander, andere Gäste, die alleine gekommen sind, haben sich in die Neuigkeiten der Zeitungen vertieft oder genießen ihre Ruhe bei Kaiserschmarrn und Melange.

Am Tresen lehnt eine Kellnerin und raucht. Einen großen Braunen bitte, ruft ihr ein junger Mann zu, der am Tisch daneben sitzt. Kaffeehäuser sind vielseitig. Die Kultur wurde immer weiter verfeinert, seit der Grieche Johannes Diodota das erste Kaffeehaus eröffnete – oder waren es vielleicht doch die Türken, welche die schwarzen Bohnen nach Wien brachten? Die Legende ist umstritten, fest steht jedenfalls, dass die Kaffeehauskultur seit langem zum Wiener Stadtgeschehen gehört, vermutlich seit mehr als 300 Jahren. Heute wird dem Besucher keine Farbpalette zur Bestimmung der Stärke des gewünschten Kaffees mehr gereicht, doch die Auswahl an Kaffeespezialitäten ist groß geblieben.

Mit Tradition können die Coffee-Shops, Starbucks und Co., die vor einigen Jahren in Wien ihre Filialen eröffneten, nicht auftrumpfen, dennoch mangelt es ihnen nicht an Besuchern. Dem Einzug des Coffee to go in das Wiener Stadtbild wurde starker Protest entgegengesetzt, umstritten sind die Coffee-Shops bis heute. Vereinheitlichung des Stadtbildes und Umweltverschmutzung sind nur zwei der Vorwürfe. Einige Wiener sehen die Kaffeehauskultur durch die Konkurrenz gefährdet, fraglich ist jedoch, ob eine moderne Entwicklung, wie die Verbreitung des Coffee to go, die Macht der Tradition brechen und eine echte Bedrohung für die Kaffeehäuser darstellen kann.

(RH)

Adriane Meier (40) und Mike Leitner (61): Das ist ein ganz anderes Publikum, ganz andere Bedürfnisse werden angesprochen. **Ein Highlight sind die Mehlspeisen.** Die Kaffeehäuser sind ein Kulturmerkmal der Wiener Mentalität.

Eiskaffee mit Schlag

man möchte
nicht glauben müssen
das auf Zeit
so wie der Gebrauch
an Leben
nicht der eigene
sind wir gestaltet.
ein bedenkenloses dahin
sinnen
unaufhaltbar Datum.
umso mehr, weniger man ist.

Schaufenster
Wiener Ringstraße

Habe mich bemerkt, wie ich gegangen bin. Aber nicht wie ich hier war. Ich stelle fest, wie wir alle hier sind. Aber niemanden, der da ist. Ich beobachte mich seit längerem. Beispielsweise wie ich darauf reagiere, dass ich bin. Ohne Gelegenheit zu verstehen, wie es ist. Im Vergleich zu den Schaufensterpuppen bin ich ohne Halt. Ich richte meinen Kopf nach oben. Ein neues Motiv. Von meiner Perspektive aus trennen die Oberleitungen, an denen Lampen und Ampeln hängen, die Türme der Votivkirche von ihrem Rumpf.

„Ich muss dich aufschreiben: da bist du. An dieser Stelle sehe ich mich einfärben. Aus weiß und schwarz."

(MOR)

Wien ist eine Metropole, doch die Ladenöffnungszeiten gleichen eher denen von Tante Emma-Läden oder Kleinstadtgeschäften.

(LB)

Von der
Poesie des
Pissoir

Von der Poesie der Pissoirs

Wien drückt auf die Blase. Es definiert sich dadurch, es koppelt die Legitimation der eigenen Existenz an den Ursprung des Harndrangs. Das ist Kultur. Es ist bekannt, dass ein Besuch in Wien ohne Besuch im Kaffeehaus letztlich doch kein Besuch in Wien war. Der Kaffee regt das Nervensystem an, damit auch die Blase, das Koffein ist der Motor, alle Schleusen geöffnet. Es gibt hier ein Glaserl Wasser zur Melange, niemand will, dass der Kunde verdorrt.

Das Café Landtmann möchte die Zeit anhalten. Der Mantel bleibt bitte an der Garderobe – man trägt ohnehin einen Mantel, wenn man das Café Landtmann besucht, keinesfalls eine Jacke
– „und da könnens sich niederlassen, die Herrschaften."
– „Aber da ist doch reserviert."
– „Exklusiv für Sie."
Der Kellner ist ein schicker Pinguin, man sitzt zwischen Schnörkeln und rostrotem Plüsch. Man sitzt, als wäre das Mc Café zwei Ecken weiter niemals Realität geworden.

Und trotzdem ist das Café Landtmann mehr 21. Jahrhundert als jedes andere Kaffeehaus in Wien. Das aber lernt nur, wem die Blase drückt. Unter der polierten Spiegelwand des landtmannschen Kellers hängen die Pissoirs, weiß und allein aus Formtradition für kein Museum zu schade. Darum geht es aber nicht. Im Spiegel eingelassen findet sich über jedem Pissoir ein kleiner LCD-Bildschirm, auf dem stumm eine Dokumentation über das österreichische Bundesheer verfolgt werden kann.

Eine Bar im Einzugsgebiet des Schwedenplatzes: Männer sind behängt wie Elstern, der weibliche Anhang verbirgt sich hinter bräunlichem Make-Up. Auf der Herrentoilette muss ein Rudel Russen gewütet haben, jedenfalls ist von der Toilette nichts übrig als ein Loch im Boden, von der Kabinentür nichts als die Angeln. Das einzige Pissoir ist besetzt, im Rücken des Urinators drängt eine Schlange junger Menschen mit feuchten Boxershorts. Erste Abwanderungsbewegungen orientieren sich in Richtung Damentoilette.

Psychologisch ist das wahrscheinlich eine Art rachemäßiger Umkehrung zur Kompensation vielfacher Kränkung. Wie oft sind diese Kerle schon erschrocken, weil ihnen am Pissoir auf einmal das Mädel vom Nachbartisch über die Schulter schaute: „Alles besetzt bei uns, wir gehen bei euch, ja!" Und schon konnten sie nicht mehr. Hier, am Wiener Schwedenplatz, wendet sich Nacht für Nacht das Blatt, eine Reparationszahlung für ihren Stolz. Und: Es befriedigt die Neugier nach den Klosprüchen hier drüben. „Männer sind scheiße."

In Sachen Kloliteratur kann es im Geschlechterkampf, das wird sich später erweisen, nur einen Sieger geben: Die Männer. Das Café Corny ist die alexandrinische Bibliothek der Kloliteratur. Das Café Corny ist eh ein besonderer Fall. Es entbehrt nicht einer gewissen Selbstironie, dass sich diese Kneipe in der Nähe des Museumsquartiers „Café" nennt. Hier gibt es eine Dartscheibe, herzerwärmende Schlager, Alkoholiker mit Schirmmützen und die Burenwurst mit Senf für 3,50.

„Folgen Sie dem Geruch!", antwortet die Wirtin, ein rühriges, altes Weib, auf die Frage nach der Toilette. Und dann steht man da zwischen den Brettern, wie auf einem Indoor-Plumpsklo. Einst muss das hier das weiße Papier der Toilettenlyriker gewesen sein, die Gegenwartskünstler finden kaum noch Freiraum. „Haste Haschisch in der Blutbahn, kannste ficken wie ein Truthahn", steht da beispielsweise und: „Fut ist gut, wenn stinken tut." Man geht ein bisschen weiser aus dem Café Corny.

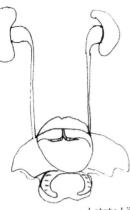

Letzte Läuterung findet der aufmerksame Klogänger am Praterstern. Das Café Dogenhof muss einst ein prachtvoller, edler Ort der Zusammenkunft von größten Geistern gewesen sein. Die hohe Decke, der Stuck, die weißen, cremefarbenen und goldenen Verzierungen sowie winzige Tässchen erzählen noch davon. Eröffnet wurde das Café Dogenhof 1902, der alte Glanz bröckelt heute unterm Daumen. Es ist ein trauriger Ort.

Und dennoch bleibt die Ahnung, das schlichtweg Schöne dieses alten Gebäudes. Bis man dann nach hinten tritt, wo es zur Toilette geht. Das Pissoir wahrt den Anschein; den Anschein, ein Pissoir zu sein. Wer oben reinpisst, dem tröpfelt's auf die Schuhe. Das Rohr ist unten offen. Daneben: Ein Aschenbecher. Die Klobürste in der Kabine sieht ein wenig aus, als habe sie in Erbrochenem gebadet. Man ist froh, wieder vorne zu sein, zwischen den Schnörkeln und dem Kleinkram, bei der Besitzerin, die zum Abschied fast bettelt, man möge doch bitte wiederkommen.

(AT)

Aus Droschken

1 Ein Zollstock.

2 Die Zeitspanne nach dem sich eine U-Bahn ausgeschüttelt hat bis zum Einpendeln. Grüß Gott, wie ein Winken. Der Beifug[3]: noch ein Nicken.

3 Ihre Schuhe passen zum Schal und zu der Pigmentstörung auf der Stirn. Da sind zwei Knöpfe mit einem Stern in dieser Farbe.

4 Die Palette dieses Ateliers ist milzförmig, die geraden und die parabolen Zugspuren sehen nach Arbeit aus.

5 Leitungsgebrechen.

6 Tretfuttermühlen für Subkäufer, eine kleine Scheibe deutet die Unterkunft an, eine Sichel steht für Bauern.

3 Hochseriöse Substantivierung

(JSG)

Mareike Hämmerle (39)
Kellnerin im Café Melange:
Diese Coffee-Shops sind schrecklich,
das ist kein echter Kaffee,
das ist nichts.

stadttechnik //

nehmen wir diese gegend als motiv das ufer
entvölkert sich selbst verputzen der auftrag
die donaukatheten abtasten das schilf beiseite
schieben wir sehen was teilweise abfall kippen
allerlei verbrauchtes material dieser stadt
flächendeckend abgeschirmt von niederschlag
reicheren zeiten absetzen vielleicht im landhaus
dann schauen was die rente herhält die nächste
hochwassersaison abwarten wenn wir glück haben
bleibt etwas im gedächtnis (reicht bis hierhin)
/
der gothische dom ist ein amputiertes gebiet
man streift sich die grenzen schnell über
das hemd ist zerfressen von motten es fehlt
am entwurf ein plastikgerüst das uns trägt
dafür haben wir raum wir zergraben den marmor
der bischof liegt noch im amt seine frau
ist daneben sie spendet ein lächeln man liest
das gleich auf diese stadt trägt melone

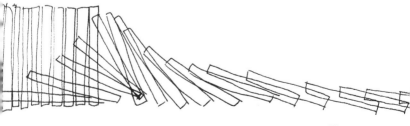

(YB)

32

Wir sitzen in Wien und sprechen über Berlin. „Berlin darf nicht mehr Berlin heißen. **Berlin muss wieder Bonn heißen."**

(LW)

brunnenmarkt

der reiseführer sagt ein ort mit ausgelassen-fröhlicher atmosphäre ich aber denke wenn sich der markt bei der recherche für den reiseführerbericht ebenfalls von seiner heutigen seite präsentierte dann möchte ich gerne wissen wie die verfasser trostlos und nichtssagend definieren aber vielleicht hatte ich einfach zu hohe erwartungen und außerdem ist es kalt und ich habe hunger und der großteil der stände ist noch oder vielleicht bereits wieder geschlossen oder müssen die heute etwa auch nicht arbeiten gestern war ja feiertag hier aber irgendwie hat keiner gefeiert sieht man von den sternsingern ab die versuchten sich gegen den lärmpegel im estherhazy-keller zu behaupten dagegen ist es auf dem brunnenmarkt heute wahrlich nicht laut in neukölln ist es doch immer am lärmen egal zu welcher tageszeit und wollten die teilzeit-alternativen und modernen hippies hier nicht ein zweites neukölln erschaffen aber bestimmt schlafen die noch es ist ja auch erst halb eins und so ein stadtviertel umzumodeln ist schon ein ambitioniertes unterfangen klar muss man dafür ausgeschlafen sein aber „fuck racism" an den häuserfassaden macht noch nicht den charme eines alternativen bezirks aus und überhaupt können die bunten graffititags an den wänden der allgemeinen grauheit kaum etwas entgegensetzen beliebig und austauschbar sind sie und wenn die sonne gerade nicht schiene ich säße schon längst in einem café um der jännerkälte zu entfliehen denn ich habe schmerzende finger vom schreiben im garstigen wind und überhaupt was mache ich hier eigentlich und alles nur weil ich gestern abend den brunnenmarkt-zettel zog dieser ist im grunde genommen ursprung allen missmuts und wehe es kommt jetzt jemand auf die idee mich anzusprechen ich wüsste keine antwort

meine synapsen scheinen tiefgekühlt zu sein ich würde wohl mein notizheft nach der person werfen oder auch nicht weil ich skrupel hätte aber krampfige zwangskonversation triebe meine laune wohl noch weiter in den keller dafür nachher das autorengespräche mit bettina balàka im café hummel da war ich gestern bereits mit sandi schön ist es dort und vor allem warm auch wenn ich die regenbogen-glitzer-plastik-spiralen in den fenstern ziemlich grauselig finde aber solange der kaffee klargeht ist mir die deko ziemlich egal aber bis dahin verharre ich noch ein bisschen auf dieser bank am brunnenmarkt und verfluche mich dafür joannas proviant verschmäht zu haben und wenn der junge am anderen ende des platzes nicht bald aufhört seinen verdammten fußball unaufhörlich gegen das absperrgitter des bolzplatzes zu schießen dieses permanente krachen des metalls ist nervtötender als die lkw-motoren im leerlauf was die an sprit verschleudern wie auf der autobahn im stau die können ihre scheißdinger echt ausschalten wenn sie stehen wie damals im november als ich für meinen geburtstag heimgefahren bin und am ostkreuz stand genau das gleiche wie ich panik hatte weil mein tank nur noch viertel voll war und kein ende des stillstands abzusehen war eigentlich könnte ich mein auto wieder nach hildesheim holen sofern kein schnee mehr liegt wenn ich zurück bin es soll endlich wärmer werden ich bin eine zwiebel auf zwei beinen und trotzdem ist mir kalt und der winter ist sowieso überflüssig außer zu weihnachten da darf es ruhig schneien aber weihnachten ist irgendwie auch scheiße das vergangene fest hätte ich mir auch schenken können wie froh ich war schon am 26. wieder in meiner wohnung zu sein und gerade jetzt wäre ich auch lieber dort als hier zu sehen gibt es heute eh nicht viel ist ja alles geschlossen irgendwie und die getrockneten mangostreifen an einem der wenigen geöffneten stände weiter vorne lagen da so anämisch in ihrer plastikbox und sahen mehr wie gedörrte gedärme denn wie trockenobst aus also danke da habe ich lieber hunger und fladenbrot will ich auch nicht sondern schokomilch da vorne war ein zielpunkt und genau dort werde ich jetzt hingehen hier wird eh nichts mehr passieren

(LB)

STRUDEL

- Zwetschken
- Apfel-Mohn
- Apfel

€ 2,-

34

Die junge Türkin an der Supermarktkasse,

die einen strahlend mit „Grüß Gott" begrüßt.

(RH)

30 Minuten Terrain

Wenn wir deinen Körper lieben, gehen die Züge schlafen. Unten am Westend. Wo die Nachttage aufklappen. Sie brechen auf in hohen Pulsschlägen. Sie spritzen ab. Lösen sich auf. Eine eigene Welt. Und das Flüchtige darin verleitet uns zu einer kurzen Handbewegung in deinem Haar. Ich verzögere. Unter Neon und Stadtparklichtern. Zwischen Schritttempo und Zigarettenlängen. Ich gebe dir Feuer. Du ziehst. Wenn wir uns darin auf Zeit lieben, gehen die Intercitys schlafen. Sie liegen auf ihren Linien. Hunderte Fensterplätze zu beiden Seiten. Ich beuge mich in deine langen Wimpern derweil zum kleinen Aufleben. Wenn das Rot lodert und der Wille leckt, der Körper zu Gold wird. Um unter Plastikpalmen zu sitzen und mit dir gemeinsam zu vereinsamen. Dafür kenne ich nun Liebeslieder in Straßenrillen und hinter Leuchtstoff. Schwarze Spitze, Dekolletee-Achsen, Kiew, Warschau, Berlin, Wien, Westend.

(MOR)

Torben Schwarz (29):
Ich bin heute im Kaffeehaus,
weil meine Freundin gern hier ist.
Sonst bin ich nur in Coffee-Shops

—

mir ist hier die Luft zu stickig,
die Einrichtung zu altmodisch.

Im Donau

Holzklötze hängen von der Decke. Man hat das Gefühl, hier oberhalb des alternativen Kunstzentrums Museumsquartier ist das Nest der autonomen Rattenjugend Wiens. Hier brüten sie: Gedanken aus, Beziehungen warm und wärmer, vor allem aber brüten sie ihr revolutionäres Potenzial tot. Sie trinken und tragen Masken, lächeln höflich zu den affektierten Sprüchen ihrer Gegenüber, spielen einander vor, sie hätten sich etwas zu sagen, wissen nicht mehr, worüber sie reden, besaufen sich, ertränken ihren Geist in Wodka und Bier. Die Musik spielt etwas zu laut. Eigentlich könnte man gut dazu tanzen, solider Elektro, aber dafür ist der zu leise. Außerdem sieht keiner so aus, als würde er sich gern die Blöße geben. Sich bewegen wollen in der Öffentlichkeit gehört sich nicht. „Wer keine Kraft hat zu träumen, der hat keinen Mut, zu kämpfen." Das stand an der Wand des Mädchenklos. Eigentlich muss es heißen: „Wer keinen Mut hat zu träumen, der hat keine Kraft, zu kämpfen."

(LW)

38

Pratersauna

– draußen –

Wir sind zu spät losgegangen. Es ist 0:22 Uhr und ich fühle mich an Gepflogenheiten der 2010er Loveparade erinnert. Wiener Schmäh von allen Seiten, das ungute Gefühl, fremd zu sein. Menschen sind hier weit und breit nicht zu sehen, da sich die murmelnde Menschenmenge ausschließlich aus Hipstern und Nicht-Hipstern zusammensetzt. Minute für Minute verstreichen während das Fressehalten zur Geste uneingeschränkter Anpassung wird. Kein Piefke sein, ums Verrecken kein Piefke sein. Aufkeimende Verzweiflung wird mit Bier die verdorrte Kehle hinuntergespült, mit Bier das schmeckt, als ob es durch eine gebrauchte Unterhose gegossen wurde. Ein Königreich für ein Pils! Anekdotengespräch mit Stefan. Das ist schon mal besser, als gar nichts tun. Heureka, erste Kontaktaufnahme nach ziemlich genau 39 Minuten Schlange stehen. Sie ist zu hübsch und Wienerin, überaus freundlich, charmant, eisbrechend interessiert. Eine angsteinflößende Erscheinung, daher lasse ich Stefan den Vortritt, der mit derart überwältigenden Frauen sowieso besser umgehen kann. Das Gespräch verläuft sich jedoch schnell im Abtasten, um letztlich im Faktenzurechtgelege zu verpuffen. Ich mache dies, komme von dort und trinke gern zappzarapp. Dann schon eher verstohlen in die abfrierenden Hände pusten, gucken und ab und an sagen, wie kalt es doch ist. Die Enge wird immer ätzender und Stefan ist wahrlich keine große Hilfe, da er meckert wie ein bettlägeriger Opa. Meine abendliche Nahrungsaufnahme ähnelte

heute ein Mal mehr der eines essgestörten Vogelbabys und daher spüre ich bereits die heranrasende Gewissheit, dass dies nicht der größte Partyabend meines Lebens werden wird. Zu allem Überfluss beginnt Stefan nun dem Türsteher mit verbalisierten Ergüssen geistigen Brechreizes den Abend zu versüßen. Das Ganze ist mir so peinlich, dass ich abwechselnd über meine sich bewegenden Füße und die weiße Wand neben meinem Kopf lache. ZACK sind wir drin. Chapeau.

– drinnen –

Wir holen uns ein Unterhosenbier bei der durchaus sexuell erregenden Barfrau, und waten durch das Meer aus Flaschen und Bechern, welches den Boden überzieht, herüber zu einer Wand an der Tanzfläche. Gucken, ob keiner guckt. Schlückchen Bier, Kippe, wieder ein Schlückchen Bier. Das alte Rein-Raus-Spiel. Aus den Boxen wummert der Bass, lässt die Füße vibrieren, die Köpfe nicken und Konversationen entweder auf ein Minimum verkümmern oder zu einer ›Ich-schrei-dir-ins-Ohr-du-schreist-mir-ins-Ohr-Party‹ mutieren. Und genau das ist es, was man an jeder Ecke des Ladens beobachten kann. Widerlich rumbuhlende Kerle, die arme kleine rumgackernde Mädchen mit ihren schwulstigen Laberorgien tyrannisieren, zwanghaft versuchen, witzig und zugleich intelligent zu wirken, während die Beule in der Hose mit jedem Wort größer wird. „Wau, das ist ja wirklich cool, dass du ein 2-wöchiges unbezahltes Praktikum bei einem freischaffenden Webdesigner machst, aber eigentlich würde ich dir jetzt viel lieber meinen ungewaschenen Penis in den Mund stecken und dabei laut furzen". Ich stürze das nach Kimme duftende Helle herunter und bestelle mir was Ehrliches. Ein Getränk, das an jeder Theke dieser Welt in etwa gleich schmecken sollte und mit dessen Konsum man nicht abhängig ist von regionalen Geschmäckern. „Aber das trinkt man hier eben so!" Ja, und in Papua-Neuguinea isst man gerne gegrillten Pferdeanus, trotzdem muss ich es nicht lecker finden. Der Bilderbuchhomo von Barkeeper meint einen auf dicken Schwengel machen zu müssen, wirft Shaker und Mixer durch die Gegend wie bei der Weltmeisterschaft, um mir dann einen stinknormalen Wodka Lemon mit Schirmchen zu servieren. Kaum hat sich der Kerl mit einem neckischen Zahnpastalächeln abgewandt, schnippe ich den Schirm weg und rotze in die Eiswürfelschale, um grunzend zurück an meine Wand zu gehen, an der Stefan lehnt und laut über die wahrscheinlich kaputteste Person des ganzen Abends lacht. Wir beobachten diesen menschlichen Komposthaufen ausgiebig und übertreffen uns laufend mit bösartigen Beleidigungen für den Kerl. Unbekümmert von allem um ihn herum, wirbelt der Typ über den Dancefloor, wirft seinen Kopf von links nach rechts. Unsere Blicke treffen sich überraschend für einen Sekundenbruchteil und die Zeit scheint still zu stehen, der Moment ist eingefroren, ich habe das Gefühl, direkt in die Hölle zu blicken. Aus seinen seelenlosen Augen spricht der nackte Wahnsinn zu mir. Meine Knie werden weich, als ob sie mit Pudding gefüllt wären, mein Blick verschwimmt. Jetzt bekomme ich die Rechnung dafür, dass ich mich heute ernährt habe wie eine Muslima im Ramadan.

Und mit dem Gefühl von rasierklingenbestückter Buttersäure kommt nun ein ätzender Schwall Kotze meine Speiseröhre hoch, flatscht vor mir auf den gekachelten Boden, welcher ohnehin nicht mehr als solcher zu erkennen ist und erregt glücklicherweise viel mehr Aufmerksamkeit. Stefan lacht mich aus – toller Freund – ich verziehe mich Richtung Klo, direkt durch die schwitzende, deliriöse Menge hindurch und versuche dabei möglichst vielen Leuten meinen beißenden Atem ins Gesicht zu hauchen. Mir bleibt nichts anderes übrig als zu warten. Und genau das tue ich. Die attraktive afroaustrische Klofrau hat ihre liebe Not, den versoffenen Arschlöchern 30 Cent aus der Tasche zu leiern, dafür, dass sie es ist, welche die ganze Nacht hindurch Urin, Blut und Pepp von den Wänden dieses Lochs schrubben muss. Nach endlosen Minuten wird endlich eine türlose Kabine frei. Türlos, da das hier ja ein freaky hipper Szeneladen ist. Es dauert nochmal so lange, bis sich endlich ein klägliches Rinnsal aus meiner Harnröhre müht und traurig in den Klobürstenhalter tröpfelt. Ich wasche mir nicht die Hände und beginne vor der Toilettentür freudestrahlend wildfremden Leuten die Hand zu schütteln. Ebenso strahlend nehmen die meisten Maronis treudoof mein Verbrüderungsangebot an. Schüttel, schüttel, schüttel – wie bei dieser dämlichen Theateraufwärmübung, die irgendein abgehalfterter, zeitungaustragender Kulturpädagogikabsolvent aus Hildesheim ins Leben geschissen hat. Das Spiel wird bei so wenig Gegenwehr schnell fad, deswegen stell ich mich in den Gang zwischen Toilettenarea und Tanzfläche, um zwei Zigaretten zu rauchen. Erst jetzt fällt mir mal auf, wie ekelhaft das Rauchen in Clubs überhaupt ist. Permanent tränende Augen, die Frauen schmecken fürchterlich und deine Klamotten riechen am nächsten Tag wie frisch durch die Klärgrube gezogen. Dazu kommt, dass man in einschläfernden Gesprächen kein ultimatives Generalargument hat, um sich nach draußen zu verpissen. Ausgesprochen tragisch, dass das hier noch nicht angekommen ist. Aber was will man von einer Nation erwarten, die international so viel Aufmerksamkeit bekommt wie Michael Tschuggnall in der Musikpresse. Stefan tippt mittlerweile gelangweilt Smileys und Bussis in sein Handy, nippt am Ottakringer. Ich werfe einen Blick auf mein Handy, da ich aus Stylegründen keine Armbanduhr trage. 2:26 Uhr. Absolut gehenswerte Zeit. An der Garderobe treffen wir ein altbekanntes Gesicht aus Jugendtagen, der Sack studiert an der Wiener Filmakademie. Kaum sind seine gewählt gesprochenen Worte in meinem biergesäuerten Hirn verklungen, spüre ich die Aggression in mir aufsteigen wie Coca Cola mit Mentos. Ich muss hier raus. Ein flüchtiges Austauschen von Nummern, bei dem ich für meinen Teil bewusst Ziffern vergesse, rein in die Jacke und vorbei an den balzenden Kerlen und den bemitleidenswerten Mädels, hinweg über die Flaschen und Becher, die den Boden überziehen, hinaus

– draußen –

in die Stadt, die ich nicht kenne, die mir so fremd ist wie ein neues Parfum am Hals der Freundin, die ich nicht habe. Fremd wie ein neuer Jingle im Intro meiner Lieblingsserie, die nie lief. Vertraut ist die Sprache, fremd ist der Gestus. Deutschösterreich, du herrliches Land.

(ME)

Neubaugasse:

selbsternannte Straße der Spezialisten.

Erfahre, wie moderner expressiver Tanz aussieht und welche Auswirkungen eine ganzheitliche Shiatsumassage hat.

Außerdem im Angebot: Urschreitherapie (befreiender als das Mitsingen von Lieblingssongs auf der linken Spur der Autobahn), vierzig Yogaarten, biologisch-dynamische Lebensmittelläden.

(LB)

siebenhundert meter//

a.) Becker denkt siebenhundert Meter. Mehr als siebenhundert Meter. Er steht vor dem Flex und denkt und sieht mehr als siebenhundert Meter Schwedenplatz und raucht und es ist Nacht.

    b.) Sie steht an der Kreuzung Morzinplatz/Franz-Josefs-Kai und schaut zur Salztorbrücke.
Ihr Name ist Clara. Sie ist nachtblind.

a.) Er stellt sich vor, auf jedem Quadratzentimeter Pflasterstein lägen Zigarettenstummel und die rhombischen Konturen der Asphaltmuster wären Überreste der gestrigen Exzesse.
Gegenüber ist die Kaserne und vielleicht regnet es bald, denkt er. Vielleicht werden die Menschen raus gespült, raus gespült aus diesem Dreckskeller, wenn es regnet. Vielleicht, denkt er.

    b.) Sie trägt Absatzschuhe mit einer roten Sohle und hat vergessen, welche Marke das ist.
Sie ist angetrunken und weiß es. Trotzdem möchte sie reserviert aussehen und zupft ihre Valentinotasche vom Oberarm zurück auf die rechte Schulter.

a.) Becker macht seine Jacke zu und zieht die Kapuze hoch. Er lacht und fühlt sich gewöhnlich in seiner Originalität.

b.) Sie schwankt die Flusspromenade entlang und denkt, Menschen sind wie Schuhe, man kann sie sammeln.

a.) Becker denkt zehn Millionen Quadratzentimeter. Mehr als zehn Millionen Quadratzentimeter. Er denkt und sieht zehn Millionen Zigarettenstummel auf dem Asphalt und raucht und gleich ist es einer mehr.

b.) Clara, denkt sie, ich bin Clara und Männer finden mich attraktiv.

a.) Becker sieht nach links und folgt seinem Blick in den Schottenring. Becker läuft die Straße runter. Er biegt ab in eine Seitengasse und weiter.

b.) Sie biegt ein in eine Seitengasse mit vielen Frisören und Damenboutiquen. Sie geht langsam. Sie geht langsam, sie schwebt fast und lehnt sich zum Ausruhen an eine Straßenlaterne.

a.) Es ist stickig, aber Becker läuft. Er läuft und schwitzt und das einzige was ihn interessiert ist das Ziel. Noch vier, denkt er. Genau vier Ampeln bis zur Brücke.

b.) Unter ihren Füßen bauen sich die Pflastersteine zu rhombischen Mustern auf und sie stolpert. Sie fällt in den Schwedenplatz und denkt Absatzschuhe. Sie fällt und denkt Absatzschuhe. Clara stolpert und denkt, Absatzschuhe sind unvorteilhaft auf Pflastersteinen.

(YB)

Maria Eggert (32):
Auch wenn das
altmodisch klingt,
**am besten gefällt mir
die alte Einrichtung,**
Holzmöbel, schöne Muster,
so stelle ich mir
einen gemütlichen Ort vor.
Es ist hier normal,
stundenlang an einer Melange
zu trinken.

auf belmundo

und dann draußen die baumwollpflanzen, schön und weiß, bis sich ein schaumkegel bildet, ganz schnell umrühren bis sich ein schaumkegel bildet, in der mitte das schwarze loch, im kreis, achleitner, fiaker, debreziner, schwarz wie die mitternacht in einer mondlosen nacht, das ist aber ganz schön schwarz, ähnlich wie auch der meindl mohr ein überbleibsel des kolonialismus, weiß ich, warum ich das bad in der menge meide, jetzt wo du das alles erzählst, weiß ich, warum budapest bekannt ist für seine schönen bäder, es ist wie durch becken mit absteigender temperatur gehen, die staubecken sind zu 25% gefüllt, schreibt mir meine oma, wie man schreibt, heute hatten wir einen schönen tag, es hat genieselt, ganz fein waren die tropfen, sodass man eine frische im gesicht hatte, und man setzt sich in die mitte und um einen herum spritzt es auf von den balken im schlamm, von dem schlamm, der unter den balken aufspritzt, und man hat es nicht gemerkt, man ist erst erwacht zwischen spritzenden balken zwischen dem schlamm, der unter den balken aufspritzt. und neulich habe ich friederike mayröcker im café prückel gesehen, vielleicht triffst du mal friederike mayröcker, schreibt kathrin und bestimmt habe ich es mir deswegen eingebildet, aber sie sah aus wie ein kleines vögelchen, dem man bröckchen zuwerfen könnte und ich möchte es ihr widmen, wie man jemandem einen brotkrümel auf den handrücken legt, und sie war in begleitung von einer langhaarigen frau, meine alte ärztin, schreibt sie immer und ich stelle mir vor, es war ihre alte ärztin und sie wäre ganz behütet von ihr und sähe nur, was fünf zentimenter von ihr entfernt wäre, als wäre sie eben erst erwacht und es spritzen balken um sie herum und sie hat weiche fältchen um die augen. in der mitte das schwarze loch, und der schaum ist flockig, wie wenn eisschollen brechen, milch aufkocht, in der milch löcher wie in etwas festem, jedes lebensmittel ist in seiner rohform abstoßend, auch milch, ja, auch milch, die milch kommt aus der kuh raus, reine heumilch, die milch wird aus dem heu gewonnen und kommt aus der kuh raus, diese kuh ist öfter an der frischen luft als ich, und es ist ein loch in der kuh, aus dem die milch kommt, durch das man in die kuh hineinsehen kann, den magen, und in der milch sind löcher, ein eisloch,es sei denn, es gäbe ein eisloch, ansonsten geht es nicht, entweder das wasser ist gefroren oder der eisvogel taucht, aber gleichzeitig geht es nicht, es sei denn, es gäbe ein eisloch, dann absinken lassen, die teilchen, überall sind sie, in der spüle im mund, sie machen mir angst herzrasen herzflattern herz schonen, dabei sollte man das herz schonen am 25. april, stell dir das mal vor, einen herzschoner, wie ein handschuh wäre das, ein ofenhandschuh, nur ein bisschen mehr wie ein herz, geformt wie ein echtes herz, das macht mir angst, deine art, kaffee zu machen, macht mir angst. in der mitte das schwarze loch und es reißt alles mit sich und man holt

immer mehr hinein und wenn man etwas hinausstreckt, stolpert einer und man weiß nicht, was es nach sich zieht, wie ein schneeball ein stein etwas schweres, das zu boden geht und alles mit sich reißt, und man schiebt es vor sich her, schnee, schaumschlägerei, gepflegte, und schaut erst hinterher, wenn man begraben wird, sieht, dass es ja genug war, und das gegenteil von schwere ist wieder schwere, sie müssen sich gegenseitig mitnehmen und kann sich auch in der unsicherheit einrichten, wer in der schwere beheimatet ist, aber ich glaube jetzt schon so lange daran, es ist wie auf schnee gehen, oben auf der schneedecke und man weiß nicht, was darunter ist, ein fleck ein holzscheithaufen eine katze, kann die katze unter der decke ersticken, und ich glaube jetzt schon so lange daran und die katze strampelt einen moment lang in der luft, bevor sie den abhang herunterfällt, katzen, sagt johanna, ich denke du weißt das, aber katzen gehen weg zum sterben, die augen zugekniffen vor dem großen, sie kennen ihre eigene kraft nicht, nämlich sie wissen nicht, dass sie grenzen hat, und sie träumen von der jagd, wenn sie im geborgenen sind, aber sie gehen weg zum sterben, was ist reisen anderes als nicht zu hause sterben wollen und es ist wie durch becken mit absteigender temperatur gehen, nämlich in budapest waren wir in einem bad, das in der mitte ein rundes becken hatte und rundherum in den ecken die becken mit absteigender temperatur und wenn ich nach hause fahre, ist es wie durch becken mit absteigender temperatur gehen, erst die landesgrenze, dann das ortsschild und dann die haustür, bei der familie ist man im kältesten wasser angelangt und die staubecken sind zu 25% gefüllt, schreibt mir meine oma, wie andere leute über das wetter schreiben, und nirgends habe ich mehr angst als in der bäckerei im eigenen ort, und dass die bäckerin ein brot tragen könnte und sagen könnte, schwer, nicht wahr, oder ruppig sein oder mir guten tag sagen oder dass die petunien frost bekommen haben oder mandarinenschmatz und was ist verreisen anderes als nicht zu hause sterben wollen, nicht sterben wollen, wo man geboren ist, könnte man harmloser sagen, oder aber, nicht gesehen werden wollen, wenn einen die kraft verlässt, nicht im eigenen ort und man kann bei vögeln immer nur ein auge auf einmal sehen. und es ist ein kreisgang, bis sich ein schaumkegel bildet, in der mitte das schwarze loch, und es reißt alles mit sich und man kommt nicht heraus, auf einen kaffee, man kann sich darauf verlassen, bei jedem spaziergang, wir könnten ja auch… irgendwo… einkehren eventuell, einen kuchen vielleicht, einen kaffee, was haltet ihr davon, mit einer langsamen und suchenden, gedehnten betonung, als käme ihm diese idee zum ersten mal, bei jedem spaziergang, beim nachmittäglichen spaziergang, beim spaziergang nach dem nachmittagskaffee, wie mein opa das wort kaffee ausspricht, nämlich mit der betonung auf der hinteren silbe und dabei spreizt er den kleinen finger ab, oder vielleicht bilde ich

mir das ein, und stolpert dann, mit seinen glatten lederschuhen, über eine hervorstehende gehwegplatte, erhaben, würde er sagen, oder plan, diese platte ist nicht ganz plan, und dazu mit der hand über die luft streichen wie über ein schaf. handzahm hab ich sie mir gemacht, ich habe kräfte gesammelt und das kaffeeglas hat eine wölbung, ich habe mir ein gebäck gekauft, ein teilchen, butterpolsterzipfel, ich dachte nur, es wäre weicher, nein, nein, das wollte ich nicht, das habe ich wirklich nicht gewollt, glaubt ihr mir, dass ich es nicht gewollt habe, kann ich es wieder gut machen, ich dachte nur, es wäre weicher, es ist ja rot innen, und spielende katzen treibt nicht perversität, sondern neugier, und das organgefarbene auge und die gewölbte brust. schottentor, untergeschoss, eine taube im tiefflug und die abgeschnittene votivkirche, früher ging man ins kaffeehaus, weil dort eingeheizt war. heute geht man ja dorthin, damit einem nicht die decke auf den kopf fällt. unter der decke ist es warm, wie wenn man unter einer schneeschicht begraben ist, damit einem nicht der schnee auf den kopf fällt, kannst du mir erklären, wozu die stangen da sind, die an den häusern lehnen, das ist, damit einem nicht der schnee auf den kopf fällt, es könnten schneebrocken vom dach fallen, von den dächern, die spatzen pfeifen es von den dächern, und der spatz in der hand und die taube auf dem dach und ich bin verwirrt, wer ist auf dem dach, wer ist in der hand, ich habe sie mir zutraulich gemacht und sie hat eine gewölbte brust und man sieht immer nur ein auge auf einmal, zutraulich gemacht, wie marvins onkel die schafe, die zu weihnachten geschlachtet werden, handzahm, sagt marvin, und ich weiß noch genau, wie wir den schafen am anfang einen ganzen tag lang auf der kleinen weide hinterhergerannt sind, um ihnen die stecker in die ohren zu machen, wie bei meinem steiffschaf yvonne, oder herauszunehmen oder sie bekamen einen stempel. aber es war schwer, die schafe zu greifen, obwohl sie doch langes fell hatten, heitschnucken waren es nämlich, so wie caro immer ihr frühstücksbrot tauft, kurz bevor sie es isst, und wie wir auch immer das mädchen mit den wilden haaren und der glatten haut genannt haben, weil es so einen komplizierten namen hatte, ihr frühstücksbrot, auf das sie erst eine dünne schicht nutella und dann eine dicke schicht hüttenkäse streicht, belmundo hat das eine schaf geheißen, und so heißt noch immer das fell, das auf dem wohnzimmerboden liegt, und immer, wenn gesaugt wird, heißt es, leg mal den belmundo beiseite, oder wenn jemandem auf einem sessel kalt wird, fragt er, kannst du mir mal belmundo geben, und früher hat juli es noch zum weinen gefunden, aber jetzt kann sie ja nicht jedesmal weinen, wenn jemandem der belmundo gegeben wird und sie findet es nur noch rührend, sagt sie, handzahm, denke ich, als sie mir die belmundohaare von den füßen zupft und wir liegen den ganzen tag auf belmundo und trinken kaffee. und man kommt nicht heraus und man sieht nur, was fünf zentimeter entfernt ist und es ist ein kreisgang und zur zugluftvermeidung bleiben die fenster an dieser wagenseite geschlossen und man holt etwas hinein und man streckt etwas hinaus und man weiß nicht, was es nach sich zieht und in mainz gibt es näpfe mit käse, napfkäse, und man kann etwas hineinstecken, den finger oder andere sachen und man setzt sich in die mitte und und um einen herum spritzt es auf, bis sich ein schaumkegel bildet, in der mitte das schwarze loch und es reißt alles mit sich und rundherum die becken mit absteigender temperatur und man steckt etwas hinein und man streckt etwas hinaus und es schleudert einen raus und man kommt nicht mehr raus.

(JK)

An jeder (gefühlten) zweiten Ecke stehen **einsame Einkaufswagen** auf den Gehsteigen.

(LB)

In Rillen

1 Eine leuchtfeuerblaue Blase thailändischer Frauen vahiziert[4], läuft über dem Tisch aus – in den Tropfen sammeln sich Vergleiche. Laos Laos und Hosen, wo sie hingehören.

2 Sie macht sich das Gesicht. Schichtwechsel. Verkappte Blähungen, als Bauchstatutkrämpfe verschaaft, ihr fallen die Strähnen ins Gesicht. Die Brille: Ein Loch in der Kopfhaut.

3 Ein rohes Ei auf Schultern, zu den Seiten hin zerfällt die weiche Haut, die man noch manchmal vom Ei ziehen muss. Bah!

4 va·hi·zie·ren [vɐhiˈtsiːʀən]
⟨V. t.⟩ schüttelnd schweben wie Dampf
[⟨lat.⟩ vaporo „dampfen"
⟨nhd.⟩ zieren „verschönern, schmücken"]
Präteritum: va·hi·zier·te [vɐhiˈtsiːɐ̯tə];
Partizip II: va·hi·ziert [vɐhiˈtsiːɐ̯t]
Synonyme: stratusieren,
Antonyme: –

(JSG)

In der Nacht auf den 15.
war Schneider wahnsinnig geworden:

Sie war schon länger präsent gewesen, die Angst vorm Schwachsinn. Da sitzt man dann und schaut und überlegt: Wie viel gehört noch dazu, bis sich da oben was abschaltet. Getrennte Leitungen, von denen man nichts wissen will.

Aber nachts fühlt man sich ja sicher. Da stülpt sich die dunkle Käseglocke über den Körper. In der Nacht auf den 15. war Schneider wahnsinnig geworden. Ist nicht so, dass er damit hätte rechnen können.

Und jetzt erinnerte er sich. Am Abend zuvor mit Marie essen gewesen. Gespräche über alte Bücher, neue Filme, Gesundheit, Thüringen und Napoleon. Dazwischen schweigen, nicht viel schweigen, aber doch so viel schweigen, dass man öfter am Rotwein nippt, um nicht Nichts zu tun, und dann ist der Wein leer, man schwenkt noch versonnen den letzten Tropfen durchs Glas, als würde man sich etwas denken, und bestellt schon nach.

Können gern öfter was machen, hat sie dann gesagt. Schneider dachte: *Warum?*, sagte: *Ja sicher, meld dich.*

In der U-Bahn dann Erinnerungen an ihren Körper. Die Füße aus den Stiefeln holen. Kleidung aufknöpfen, die Reißverschlusszahnreihen voneinander trennen. Auspacken: sich endlich vergewissern, wie die drunter aussieht. Das hätte an sich gereicht. Hätte man vielleicht auch alles haben können, wenn man sich ein bisschen bemüht hätte. Herrengasse: Der

Vincent steigt zu, ausgerechnet in das Abteil, in dem Schneider sitzt und wartet und mit leichter Erektion seine Spiegelung im Fenster gegenüber betrachtet.

– Alles gut?
– Alles gut.
– Was Neues?
– Ne, du?
– Nix.

Man fährt unter den Häusern entlang. Die U-Bahn-Linien sind eitrige Kratzer in der Haut der Stadt, denkt Schneider, und schaut noch mal nach rechts, schaut sich den Vincent noch mal genau an, und denkt: Auch fett geworden.

– Gut schaust aus.
– Auch.

Das Schweigen wird zu Feuerzeugbenzin. Mit Marie war das anders, mehr so, als würde sie gleich begeistert ausrufen: *Es ist einfach herrlich, mit jemand so schweigen zu können!*, um irgendwas zu legitimieren. Gut so, hatte Schneider sich da gedacht, ist mir eh egal, wird eh nix, macht eh nix. *Darf ich mal kurz meine Hand auf deine Brust legen?*, das hätte er gerne gefragt, *echt nur kurz.*

Gegenüber sitzen zwei Nerds. Die Finger des linken, von Schneider aus gesehen links, verschwinden in einem rötlichen Ziegenbart. In der U-Bahn ist es kälter als nötig, findet Schneider. Der Ziegenbart versucht, nicht geradeaus zu schauen, dann würde er Schneider direkt anglotzen, er

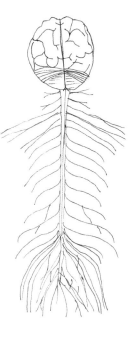

versucht, nicht auf seine Schuhe zu schauen, das wäre ja auch peinlich, er versucht, nicht seinen Kollegen anzuschauen, dessen kleine, runde Brille ist sofort zwischen Backen und Augenwülsten eingeklemmt, dass Schneider sich fragt, wie er sie vorm Zubettgehen absetzen will. Softwareentwickler, denkt Schneider. Der Ziegenbart fährt die Wölbung der U-Bahn-Decke mit den Augen entlang.

- Gehts dir denn gut, in der großen Stadt?
Mutter hatte angerufen.
- Ich wohne seit 15 Jahren in Wien, Hilde.

Schneider wusste nicht mehr, wann er damit angefangen hatte, seine Mutter beim Vornamen zu nennen. Hilde. Seit Josef verstorben war, war sich Hilde nicht mehr so sicher, ob das eine gute Idee sei, dass ihr Sohn so weit weg wohnte.

- Und keine nette Frau?
- Nein, nicht wirklich.
- Bei Landls hats gebrannt. Der ganze Dachstuhl.
- Ahja. Ja?
- Doch, doch. Würdest aber schon sagen, wennst eine nette Frau kennenlernst?
- Ja, ja.

Der Softwareentwickler ohne Ziegenbart befreit die runde Brille aus den Wulsten. Er schnappt wie ein Karpfen, als würde er jetzt sein Wort an die Mitfahrer richten wollen. Als würde er jetzt gleich mit dem fleischigen Finger auf Schneider deuten und sagen: *Sie, Herr Schneider, sagen Sie mal, was glotzen Sie mich eigentlich so an? Was gehen Sie eigentlich meine wurschtigen Finger an und die Backen? Ich hab was mit den Drüsen, fragens ruhig meinen Arzt, ich kann nix dafür.*

Schneider versucht, aus dem Fenster zu sehen, so dass der Ziegenbart neben ihm nicht das Gefühl bekommt, er schaue ihn an. In Erdberg sagt der Ziegenbart *mussraus* und hat eine ganz fistelige Stimme.

Am Nachmittag dachte Schneider an Menschen, die Dinge zu tun hatten: Der Egger von der Verwaltung, der jetzt mit der Frau noch mal die Telefonrechnung durchging, vielleicht ließ sich da ja was machen mit dem Vertrag, man kann da ja viel sparen. Oder der Vincent, der sich jetzt was aus dem Netz runterladen oder einen antrinken konnte. Oder der Rolf-Dieter Heuer in Genf, der konnte jetzt Teilchen beschleunigen. Davon hatte Schneider gelesen, der Heuer war der neue Cern-Chef. Wenn der sein Freund wäre, würde er sich nicht trauen, ihn jetzt anzurufen, schließlich hatte Heuer sicher Besseres zu tun, Teilchen beschleunigen beispielsweise.

Anstatt Telefonrechnungen durchzugehen oder Teilchen zu beschleunigen, machte Schneider sich folgende Sorgen: Es bestand dauerhaft, also zu jedem denkbarem Zeitpunkt, die Möglichkeit, den Verstand zu verlieren. Schneider hatte schon viel verloren: Geldbeutel, Schlüssel, Handy. Den Verstand zu verlieren, das schien jetzt nur noch konsequent.

Das war präsent. Er trank Tee und dachte daran, wie es wäre, nicht mehr zu wissen, was er tat, wenn er Tee trank.

Kein Mensch kann sich von Mittag- bis Abendessen ununterbrochen Sorgen machen. *Halloichbins* – Deswegen rief Schneider Marie an. Marie war außerdem ein nettes Mädchen.

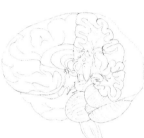

- Hab nix vor später, du?
- Nee, nix.
- Vielleicht was essen gehn?
- Was denn?
- Italienisch vielleicht.
- Holst mich ab?
- Ja, schon.

Die sinnlosen Dialoge und das Gefühl, bevor er in Richtung Marie aufbrach, der Abend könne genau so verlaufen, wie er dann ja auch verlief: öde. Ein peinliches Aufbahren der eigenen Person. *Nimm mich jetzt noch schnell, ich krieg´ gleich Falten am Arsch.* Sowas hätte man mal sagen sollen.

In der kommenden Nacht, der Nacht auf den 15., sollte Schneider wahnsinnig werden. Vielleicht würde Marie sich Vorwürfe machen, sicher würde Mutter Hilde sich Vorwürfe machen. Den Egger von der Verwaltung, den Vincent und den Heuer in Genf – die interessierte das nicht besonders. So ist das heutzutage nämlich, dachte Schneider, es will wieder keiner gewesen sein.

(AT)

Susanne Hergold (78):
Ich bin Pensionistin, was soll ich mit Melange im Mitnehm-Becher. Ich besuche täglich Kaffeehäuser. Am meisten Spaß macht mir hier die Leute zu beobachten. **Jedes Alter, jede Gesellschaftsschicht.**

Der Müßiggänger – ein Steckbrief

- Er hat die Hände frei.
- Den Pullover trägt er, wenn nicht am Körper, über die Schulter geworfen und das Nötigste in Hosen- und Jackentaschen.
- Er schaut sich häufig überrascht um und hat dabei einen verschrobenen Gesichtsausdruck, überhaupt füllt er sein Nichtstun mit einer Vielfalt von Bewegungen und Gesten.
- Man sieht ihn mehrmals in der Stunde dieselbe Straße entlanggehen.
- Seine Knöchel sind ungewöhnlich stark ausgebildet; er lässt sie am Borstenkamm der Rolltreppen entlanggleiten.
- Seine Schuhe sind immer sehr gut geputzt.
- Er geht nicht in der Mittagspause Kaffee trinken, sondern begreift das vor- und nachmittägliche Zeitunglesen im Kaffeehaus als seine Arbeit.
- Er kennt das Stadtliniennetz und die Speisekarten der einschlägigen Restaurants und Kaffeehäuser auswendig.
- Er benutzt Fähren und Seilbahnen.
- Er redet mit der Bedienung, auch wenn sie nicht hübsch ist und erkundigt sich nach der genauen Zubereitungsart der Torte.
- Er interessiert sich für das Baujahr der Seilbahn, die Funktionsweise eines Katalysators, die Herkunft der Heiligenfiguren in der Kirche, die Rasse des Hundes, das Vorankommen der Dorfschullehrerin mit den Kindern und hinterher hat er alles wieder vergessen.

(JK)

48

Mariahilfer Straße, du liebliche Konsummeile. Sorry, aber du schaust genauso aus wie andere einschlägige Einkaufsstraßen in Europas Metropolen, du brauchst gar nicht erst zu versuchen, mit deinen prächtigen Jugendstilfassaden vom Einheitsbrei der Filialketten abzulenken.

(LB)

gespräche //

kannste ma hinschaun links rechts
etwas libido ankurbeln ne tüte übern kopp
kannste aufpassn wo du bleibst n faden
ziehn arbeiten frei machn für die menge
arial vokale ganz schnörkellos tschikn
nimm dir mal ne pfeife zwischen die beißer
synapsennetz rum trippern trippel mal etwas
kannste was finden fürn sommer
/
du hast eine fleischwunde, baby, ich kann
deine knie nicht mehr sehn, kleb mal n
pflaster drauf, mit m bild, schneid dir n
po aus, kannste aufs sofa packen,
baby, deine augen, baby, love und so,
amphetamine spritzen, vitamine fressen,
kannste mal überlegen, wie du, hey, baby,
deine haare riechen nach lavendel

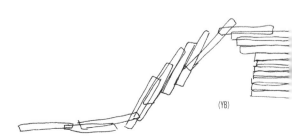

(YB)

Tim Ullrichs (18):
Früher hat mich meine Oma
immer mitgeschleppt,
jetzt komme ich manchmal
mit Kumpels her.
Hier kann man rauchen.

Bermudadreieck

Elias zieht eine Augenbraue hoch und sieht mich skeptisch an. Er lässt mich stehen. Ich folge ihm. Sicher war es nicht besonders niveauvoll bei >Bermudadreieck< einen Fotzenwitz zu bringen, aber unter Jungs muss man doch nicht immer auf Hochkultur machen. Ich hab mich fein gemacht, den schwarzen Mantel angezogen und den beigen Schal umgebunden, weil ich das Gefühl hatte, Elias schämt sich für mich. Obwohl er am DLL dafür bestimmt keinen Schein bekommt, nimmt er Susas Schreibaufgabe ziemlich ernst. Ich hole auf und wir gehen nebeneinander durch die Gassen des Bermudadreiecks, zwischen den pompösen Altbauten durch. Es ist irgendwie sehr glatt und sauber hier, aber ich finde es doch ganz gemütlich. Ich komme mir vor wie in einer Schlossanlage. Die schönsten Gebäude strahlen in gelbem Licht und schaffen eine Wärme, die wie nach einem Schluck heißen Tee oder scharfen Schnaps angenehm in mir aufsteigt.

Ich hab mich unheimlich gefreut, als ich die Ankündigung zu Susas >Wiener Journal< im Vorlesungsverzeichnis fand. Meine Chance, nochmal einen Versuch zu starten. Leider hat sie auch

Elias eingeladen. Sie fände es lustig, uns beide zu treffen, wegen der geilen Nacht nach der Eignungsprüfung in Hildesheim. Ich weiß nicht mehr viel, nur, dass ich danach kein Problem mehr mit der Absage aus Leipzig hatte. Immerhin war Susa in Hildesheim.

Wie ich so neben Elias hergehe, fällt mir zum ersten Mal auf, dass ich fast einen Kopf kleiner bin als er, dass ich in meinem Mantel wie der kleine dunkelhaarige Bruder, vielmehr wie seine kleine dunkelhaarige Kopie aussehe. Er streift sich durch die goldblonden Wellen und lacht auf. Elitäres Arschloch, denke ich und lächle zurück. Er klopft mir auf die Schulter.

„Ich hab einen Laden gefunden, da bekommst nicht mal du ne Abfuhr", sagt er und gluckst. Was für ein Wichser, will ich sagen und hoffe im gleichen Moment, dass ich mein Gesicht nicht auffällig verzogen habe.

„Glaub mir, ich besorg dir eine, dann musst du nicht mehr so stieren", sagt er und ich bin mir nicht sicher, ob das jetzt nett von ihm gemeint war.

Er war der Erste, den ich in Hildesheim kennenlernte. Ich saß auf dem Rand eines Steinblumenkastens im Hof vor dem Pächterhaus und wartete darauf, aufgerufen zu werden. Er kam auf mich zu und drückte mir ein Bier in die Hand.

„Nur Idioten", sagte er, „außer die Kleine, die hier als Organisatorin rumhüpft, die is süß". Er setzete sich neben mich. Wir stießen an. Ich wunderte mich warum er ausgerechnet zu mir kommt und was überhaupt sein Problem ist. Aber ich war aufgeregt und werde dann immer sehr ruhig, zu ruhig um unnötig Fragen zu stellen. Also nickte ich einfach und nippte an meinem Bier.

„Hast du gesehen? Man sieht ihren Pünktchen-BH durch das weiße Kleid", sagte er und gluckste.

Ich bin es nicht gewohnt, so lange den Mund zu halten. Ein paar Mal wollte ich schon vorschlagen, hier in den Irish Pub mit Whiskey-Cola für dreifuchzig oder dort in den Laden mit dem Kaktus-Leuchtreklame-Schild zu gehen. Aber ich will weder nervig sein, noch in irgend so einem schäbigen Schuppen absteigen, für den Elias mich dann noch verantwortlich machen würde. Außer uns sind, wie es aussieht, nur Promoter der einzelnen Lokale unterwegs. Einer, mit beinah demselben schwarzen Mantel wie wir ihn tragen, spricht uns an.
„Wollts ihr ein Freigetränk nach Wahl?", fragt er. „Unten im Kellergewölbe gibts feinste Electro-Sounds". In seinen braunen Lederhandschuhen hält er zwei Marken. Hätte er nicht so eine plumpe Glatze und diesen Zuhälterring im Ohr, würden wir ein gutes Team abgeben. Drei Gentlemen, wie in einem Mafiafilm. Ich will reingehen, versichere mich aber erst mit einem Blick, ob wir das wirklich bringen können. Elias zieht amüsiert beide Augenbrauen hoch.
„Gnadenlos?!", sagt er, und „nee, danke, andermal vielleicht".
„Naja, eine Whiskey-Cola hätten wir da schon nehmen können", sage ich mit gesenktem Kopf, wobei ich mit der Stimme immer leiser werde, so dass ich die letzten Worte beinah verschlucke.
„Ich hab doch gesagt, ich zeig dir was", sagt Elias und marschiert zielstrebig weiter. Wir gehen bis ganz hoch, auf eine Art gepflasterten Hügel, nur um dann über eine Treppe wieder runterzukommen. Angeblich der kürzeste Weg. Ich ärgere mich, mit Elias gegangen zu sein, ärgere mich, dass Susa abgesagt hat, denke an ihre weißen Brüste, träume mich mit der Hand unter ihr Seidenkleid, das sie bei einer Lesung mal als Schlafanzug vorgeführt hat, umkreise ihre scharlachroten Nippel, meinen Kopf in ihren braungelockten Haaren vergraben. In meiner Hose fängt es an zu pulsieren.
„Da wären wir", sagt Elias und holt mich zurück ins Bermudadreieck. Die verdunkelte Glasfassade wird von roten Neonröhren beleuchtet.

Um die Ecke ist eine massive Holztür mit einer Klingel daneben. Ich warte, aber es passiert nichts.

„Na los", sagt Elias, „nicht so schüchtern". Er nickt mir zu. Ich halte den Klingelknopf absichtlich lange gedrückt, als die Tür schon offen ist.

„Ja, bitte?", sagt eine Frau, vielleicht Anfang dreißig, aber eine von den Geilen. Sie hat einen osteuropäischen Akzent und pralle Busen, keine kleinen Mädchenbrüste wie Susa. Sie quellen aus ihrem Korsett, daran sind Strapse befestigt. Mit ihren schwarzen Haaren und dem geraden Pony, der die Augenbrauen überdeckt, entspricht sie total meinem Kleopatra-Fetisch. Ihre Kleidung ist wie die Samttapete, der Teppich und die Vorhänge im Eingangsbereich des Etablissements komplett in schwarz und weinrot gehalten. Aber nicht nur ihre Kleidung, die ganze Person. Das fällt mir auf, als sie mit den lackierten Fingernägeln durch die Haare streift und ihre bordeauxfarbenen Lippen spitzt.

„Was ist Jungchens, wollt ihr was erleben?", fragt sie.

„Wir würden gerne reinkommen", antwortet Elias. Ich bin sprachlos. Das Pulsieren ist zu einer Ausbeulung in meiner Hose geworden. Ich schließe meinen Mund, greife meinen Penis durch die Hosentasche und schiebe ihn hinter den Gürtel.

„Dreihundert Euro, pro Person", sagt das Kleopatra-Double, bevor ich reingehen kann. Ich bleibe stehen, höre ein kurzes Gackern.

„Dreihundert? Jebam ti mater!", rutscht mir raus.

Die Prostituierte atmet tief ein, dabei blähen sich ihre Brüste noch mehr auf, als würden sie gleich herausplatzen und zusammen mit meiner Eichel explodieren.

„Meine Mutter willst du nicht ficken, sie hat eine haarige Muschi", sagt sie. „Das ist ein Edelbordell. Ihr könnt den ganzen Abend verbringen hier, aber hat seinen Preis".

„Tut uns leid, dass übersteigt dann doch unser studentisches Budget", sagt Elias. „Schönen Abend noch". Die Frau zuckt mit den Schultern und schließt die Tür zu dem rotschwarzen Paradies.
Elias lacht. Ein scheißtriumphierendes Lachen ist das. Er hat mich in die Falle laufen lassen. „Ha, schade! Wäre sicher guter Input für meinen Text gewesen", sagt er.
„Pfff, scheißdrauf, die war eh hässlich".
„Ich weiß nicht, aber lass uns lieber was trinken".
Wir steigen wieder die Stufen zu dem steinernen Hügel hoch. Ich habe keine Lust mehr, bereue, dass ich überhaupt nach Wien gekommen bin, schlurfe über die Wackersteine, Elias hinterher. Hätte ich gewusst, dass sich Susa keine Zeit nimmt und ich mit ihm rumhängen muss, hätte ich auf jeden Fall abgesagt. Elias hat total schnell angefangen zu nerven. Richtig auf die Eier ging er mir, als er versuchte Susa mit neckischen Sprüchen auf sich aufmerksam zu machen.
„Du bist ja ein ziemlich junges Früchtchen für ne Tutorin", sagte er, als sie uns durch die Uni führte. Dann dieses widerliche Gegluckse. Sie unterbrach einen Moment, sah ihn irritiert an und machte mit der Führung weiter. Klassischer Korb sollte man meinen. So ging es mir zumindest, ich freute mich. Elias allerdings auch. Ihn schien das anzuspornen. Wir standen im Wintergarten, Susa erzählte von den legendären Sommerfesten, auf denen Thomas Klupp regelmäßig zum Dance-Star wurde. Ich stand genau neben ihr und versuchte, dass sich unsere Hände berührten. Ich hatte mein verlegenes Grinsen für den Fall schon parat. Gegenüber stand Elias und glotzte lüstern. Ich kann mir nicht erklären warum, aber Susa war von seiner Penetranz angetan. Nach der Prüfung standen Elias und ich noch im Hof und unterhielten uns. Ich kannte sonst niemanden. Susa fragte, ob wir mit ihr am Abend was trinken gehen wollten. Ich sagte gleich zu, während Elias fragte: „Warum gerade wir?"

„Na, ihr werdet auf jeden Fall genommen und ich will meine Erstis doch kennenlernen".

Wir saßen bis in den Morgen auf einer Eckbank in einem Laden voller runtergekommener Alkoholiker. Mal kam eine geschiedene polnische Hausfrau an, die ein Rendezvous mit ihrer Tochter anbot, mal wurden uns Schläge angedroht, ich glaube, ich hab sogar einen Schlag ans Kinn einstecken müssen, bevor der Kerl, dessen Lederjacke ich berührt haben soll, vom Barkeeper rausgeschmissen wurde. Irgendwann, nach einigen Runden Lockstedter, knutschten Elias und ich abwechselnd mit Susa.

Wir stehen vor einer Fensterfront. In der Bar ist alles aus hellem Holz. Die Dielen, die Stühle und Tische, die Theke, die Wände und sogar die Decke. Die Scheibe ist beschlagen. Drinnen sind ein Haufen junger Leute. Ich bezweifele, dass die ganzen Jungs und Mädels volljährig sind. Es scheint so eine Bar zu sein, wo man schon mit fünfzehn hingeht.

Wir setzen uns in eine Fensternische. Elias lässt seinen Mantel an. Ich habe auch keine Lust mich auszuziehen. Wir bestellen Whiskey-Cola und schweigen uns an. Elias nickt zum House-Beat und schaut sich um. Ich will ein Gespräch anfangen, finde aber kein Thema und halte den Mund. Auf der Tanzfläche hopsen ein paar Schülerinnen rum, das erkenne ich, weil eine von ihnen ruft: „Scheiß drauf, Jenny, nach da Matura siehst ihn eh nimmer". Jenny hat diese Mischung aus welligem blonden Deckhaar und braun durchschimmerndem Unterhaar. Sie trägt einen blauweißen Ringelpulli, der eine Schulter freilässt und einen knielangen schwarzen Faltenrock. Sie wippt traurig vor sich hin, während ihre Freundinnen eine Art Booty-Shaking vorführen.

„Die gefällt dir, stimmts?", sagt Elias. Da ist zwar was dran, aber ich will ihm nicht rechtgeben. Wahrscheinlich versucht er mich nur aus dem Weg zu schaffen.

„Ich will das mit Susa wieder gut machen", sagt er.

„Wie meinst du?"

„Naja, du hast mich damals bei der Prüfung die ganze Zeit vollgelabbert, wie süß du sie findest und dass du sie rumkriegen willst, dass du deswegen auf Leipzig verzichtest..."

„Und?"

„Ich fand sie ziemlich peinlich mit ihrem durchsichtigen Kleid und dem wahnsinnigen Geltungsdrang..."

„Warum erzählst du mir das?"

„Ich hab ein schlechtes Gewissen, weil sie, bevor sie nach Wien gegangen ist, oft bei mir in Leipzig war. Ich hab sie in ihrer Entscheidung bestärkt, wir sind sowas wie ein Paar..."

Auf einmal schäme ich mich so sehr, dass ich unter der Holzbank versinken will. Ich habe mir wie ein blinder Trottel naive Hoffnungen gemacht. Und wahrscheinlich lacht Elias, jedes Mal nachdem er es Susa besorgt hat, über mich. Ich presse mein Zähne aufeinander bis mir die Kiefermuskulatur weh tut.

„Aber ich mach das wieder gut", sagt er und geht rüber auf die Tanzfläche. Er quatscht Jenny an. Mir ist alles egal. Ich trinke meinen Whiskey auf ex und bin bereit alles zu ficken, was er anschleppt. Nur damit er nicht rechtbehält. Mir doch egal, was er mit Susa macht. Elias deutet auf unseren Tisch. Jennys Blick folgt seinem Arm. Sie kommen rüber. Ich schaue ihr den ganzen Weg über in die dunklen Augen.

„Hallo, ich bin Jenny", sagt sie und reicht mir die Hand.

„Ich hab ihr versprochen, wir heitern sie ein bisschen auf", sagt Elias. „Ich hol uns mal was zum Trinken". Im Augenwinkel sehe ich Jennys Freundinnen kichern.

„Setz dich doch", sage ich. Sie nimmt mir gegenüber Platz, wobei sie sich nochmal bei ihren Freundinnen versichert. Eine schaut über ihre Schulter und grinst schelmisch, die andere nickt und die dritte sieht ohne Ausdruck, wenn überhaupt, ein bisschen skeptisch her. Jenny verdreht die Augen, wird sich dann bewusst, dass ich sie wieder ansehe und lacht verlegen.

Sie erzählt, dass ihr Freund fremdgegangen sei und sie sich deswegen so schäme, dass sie gar nicht mehr in die Schule gehen möge. Elias bringt sechs kurze Wodka an den Tisch.

„Gegen den Frust", sagt er und verteilt die Gläser. Jeweils zwei für jeden. Wir stoßen an. Ich hasse Wodka und hoffe, dass ich alles behalte, dann schließe ich die Augen und trinke. Zu meinem Erstaunen ist es nur Wasser. Ich will Elias zur Rede stellen, sehe wie Jenny ihr Gesicht verzieht und Elias, wie er nach dem zweiten Glas greift und mir zuzwinkert.

Wir haben unsere Mäntel ausgezogen und sind schon bei der fünften doppelten Runde. Obwohl ich ihn hasse, bin ich Elias dankbar für seinen Trick, weil ich Wodka noch mehr hasse und weil Jenny immer betrunkener wird. Sobald Elias weg ist, um neuen Schnaps zu holen, versuche ich ihr mit der Hand zwischen die Schenkel zu fahren. Sie zuckt kurz zurück, dann entspannt sie sich. Ich streichle bis zum Schritt. Es fühlt sich hitzig und feucht an, beinah tropisch. Ich fange an, in kreisenden Bewegungen zu reiben. Sie richtet sich auf, stößt Luft aus und sackt dabei wieder zusammen. Als Elias bemerkt, was los ist, dreht er ab und setzt sich an einen anderen Tisch. Ich massiere weiter, bis nicht mal mehr der Gürtel meinen Penis zurückhalten kann.

„Lass uns auf die Toilette gehen", hauche ich in ihr Ohr.

Bevor ich mich entscheiden kann, auf welches Klo man in so einem Fall geht, zerrt mich Jenny schon hinter sich her, in eine Kabine der Damentoilette, wirft mich an die Wand, sperrt ab und knöpft mir die Hose auf. Mein Penis schnalzt ihr entgegen, sie zieht die Boxershort bis in die Knie und leckt den Schaft entlang. Ich fahre über ihre nackte

Schulter unter den Ringelpulli, unter den BH und greife ihre Brust. Ich nehme ihre weichen erigierten Nippel zwischen Zeige- und Mittelfinger und streichle auf und ab, während sie meine Eichel züngelt. Es sind leichte Berührungen, nicht stark genug für meine Lust. Ich will sie dazu bringen zu saugen, aber sie steht auf und grinst mich mit zusammengekniffenen Augen an. Sie öffnet den Reißverschluss an der Seite ihres Rocks und fummelt am Knopf darüber herum. Ich verliere die Geduld und ziehe den Rock, samt dem Höschen, in einem Zug bis an die Knöchel runter. Jenny stolpert fast, als ich sie umdrehe. Ich drücke ihren Kopf Richtung Kloschüssel, bis sie sich mit den Armen auf der Klobrille abfängt und kurz vor dem Eintauchen abbremst. Ein paar Mal schiebe ich meine Vorhaut über die Eichel und zurück, dann stecke ich meinen Schwanz in das Loch zwischen Jennys Schamlippen. Ich stoße so fest zu wie ich kann. Meine Schenkel klatschen an ihren Arsch. Jenny keucht, sie stöhnt, sie quiekt, immer lauter. Ihr Stöhnen wird zu einem Glucksen. Ich versuche mich abzulenken, stoße so fest, dass Jennys Kopf gegen den Spülkasten knallt. Der Druck nimmt ab. Ich stelle mir Susa vor, in ihrem seidenweißen Pyjamakleid, es hilft nicht. Das Blut entweicht. Ich merke, dass ich nur noch in ihr hänge. Sie dreht ihren Kopf über die Schulter und fragt: „Was ist?" Ich sage nichts, ziehe ihn heraus. Er baumelt schlaff zwischen meinen Beinen. Jenny richtet sich auf, presst ihre Augen zu und kratzt sich am Kopf. Ich ziehe meine Hose hoch. Ich glaube sie fängt an zu weinen, aber mag mich nicht darum kümmern. Ich reiße die Kabinentür auf und gehe. Ich drehe mich nochmal um, weil ich mich rechtfertigen will, aber als ich sie halbnackt mit den Händen vorm Gesicht auf der Kloschüssel sitzen sehe, verschwinde ich. Elias sitzt immer noch da. Ich kann ihn nicht mehr ertragen, packe meinen Mantel und bin froh, dass er mich nicht bemerkt. Es wird Zeit für die Jugendherberge, denke ich und verschwinde im Bermudadreieck.

(SV)

Die viel besungene
Wiener Gemütlichkeit
zeigt sich auch
im Straßenverkehr,
**Hupkonzerte und
waghalsige Fahrmanöver**
sucht man hier vergeblich.

(LB)

In Latrinen

1 Café Alte Frau: An der Bürste ist kein Platz mehr, es ist eine Keule, Pfunde schwer. Man müsste sie in den reißenden Sturzbach halten – Becken mit Urin beschwämmt.

2 Ein Neues Jahr hängt von der Decke. Wenn der eine Kellner Tim hieße, würde der andere sagen: „Tim, das muss weg". Tim[5].

3 „Die Scheiß Däitschen"

5 Pelltruiert den Raum der Flug einer preußischen Kugel. Wer kann dem wiederstehen?
Die Lamellen dieses Kellers ondulieren, die Orchesterblase buttert ein paar Vesikel länger als nötig, die Geräuschjauche belegt das Gesicht seiner Mutter. Turbinenhälse in das Wohnzimmer seiner Eltern, es hört nicht erst auf, wenn er denkt, dass seine Mutter, ihr Gesicht wackelt, sich nicht an einem Stuhl festhält. Wie hält sie sich nicht an einem Stuhl fest? Es herrscht eine matriarchalische Angst vor dem Einschlag preußischer Kugeln.
Kann er diesen Krug halten, fragt sie. Er würde ihn verschütten. Wenn die Karabiner von der Schläfe auf den Boden rutschen, den Nieselmörtel in einem Ohrgewinde prallen hört, dann kann er diesen Krug nicht halten. Ihr Gesicht formt sich noch einmal zu einem n, bevor es aufhört. Sie trägt den Krug zum Tisch und fichtet die Blumen. So ist es richtig.

(JSG)

BMW Wien Metallic

Der Wagen, in den du einsteigen willst, steht nicht in meiner Einfahrt. Er ist vor Jahren fortgefahren. War nie die Rede davon. Jetzt hat er mich eingeholt und steht auf einem meiner Wege, die ich nicht gewählt habe. Sondern die du mir aufgezeichnet hast. Ich folge dem Geräusch des Bleistifts auf dem Papier. Deine Linie aus einem Strich. Du setzt den Blei dabei nicht ab. Automatikgetriebe. Ich fahre mit meiner Hand über die fremde Karosserie. Noch leicht warm, die Motorhaube, eiskalt der Kotflügel. Ich ekle mich stark, wie mir der Wagen zusagt in diesem Moment. Ich sehe mich um. Ich bin allein darauf gekommen. Ich habe eine Berechtigung an dich zu denken. Das Gelände widerspricht dem Fahrzeug. Vom abgetauten Frost aufgeweichtes Brachland. Bis auf diesen letzten Häuserblock. Du stehst gedanklich mit deinen Stiefeln im Schlamm und schaust an meiner Fassade entlang nach oben in den bedeckten Himmel. Acht Meter Höhe schätzt du. Das Reifenprofil ist völlig verdreckt. Die Spuren unter den Rädern führen von der BMW-Schnauze fort. Ein Weg aus Spuren im Schlamm. Der Kühlergrill hat seine Nüstern aufgebläht. So wie das aussieht, haben wir rückwärts eingeparkt.

(MOR)

Karlsplatz.
Unterführung.
Digitale Anzeigetafeln.
Achter Januar Zweitausendelf.

Entlehnte Bücher in Wien seit 1. Jänner
221835

Verzehrte Schnitzel seit 1. Jänner
491968

Zeitraum bis zur Wiederbewohnbarkeit Tschernobyls
(in Tagen)
148838

Rüstungsausgaben weltweit (in Euro) -
Zeitraum nicht näher definiert
28741- - - - - - (elfstelliger Betrag)

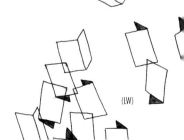

(LW)

Blinddate auf dem Naschmarkt

Kaum bin ich aus der U-Bahn gestiegen, werde ich eingesogen von einem Flohmarktstrudel aus alten Büchern, Gemälden, Fotos und Figuren. Alles ist ordentlich aufgereiht auf Tischen, die durch weiße oder gestreifte Zelte wie von Regenhauben vor der Nässe geschützt werden. Alte, junge Menschen und Familien mit Kinderwagen drängen sich in dicken Jacken zwischen bunten Teppichen, antiquaren Möbeln und Grammophonen vorbei. Wie soll ich ihn hier jemals finden?

„Billiger, billiger, billiger!", schallen Rufe über den Platz. Ich gehe zwischen den Ständen hindurch, sehe afrikanische Ritualmasken, Buddhastatuen, einen dicken Gartenzwerg mit aufgerissenen Augen, der sich selbst am Bart zieht, schmutzige Kinderengel mit rissiger Goldglasur. Dazwischen ausgestopfte Dachse. Ich mustere die Männer um mich herum: Familienväter, Großväter, Obdachlose. Aber woher soll ich eigentlich wissen, dass er kein Familienvater ist? Oder gar ein... Nein.

32, sportlich, romantisch, ledig. So steht es in seinem Profil.

Ich hole den zerknitterten Ausdruck aus meiner Jackentasche, auf dem die Tinte schon ganz verwischt ist von den vielen Malen, die ich das Blatt mit schweißnassen Händen umklammert habe.

Suche: Junge, schlanke, einfühlsame Dame für süße Stunden zu zweit. Feste Beziehung nicht ausgeschlossen.

Warum habe ich diesen Zettel überhaupt mitgenommen? Hatte ich etwa geglaubt, diese Beschreibung würde mir helfen, ihn zu finden? Auf dem nächsten Tisch liegt eine nackte Barbie zwischen mehreren spitzen Messern. Daneben liegt eine armlose Puppe, die roten Lippen leicht geöffnet, unter den langen Wimpern ist nur das Weiß ihrer Augen sichtbar. Neben ihr steht eine Schüssel mit Puppenarmen und Händen, aus denen ein ausgefranstes Kabel schaut. Ein Schauer schüttelt mich. Ein Mann mit Vollbart, der gerade eine abgewetzte Aktentasche gekauft hat, fängt meinen suchenden Blick auf. Ist er es? Sportlich sieht der nicht gerade aus. Ich bin aber auch nicht so schlank, wie es in meinem Profil steht. Gut, dass Winter ist. Ich will nicht, dass er es ist, gehe schnell zum nächsten Stand. Hier gibt es Ausgrabungen aus dem Vatikan, steinerne Gefäße, Keile und Götterfiguren. Ich nehme eine nackte Frauenfigur in die Hand. Ich wiege sie auf und ab, drehe sie zwischen meinen Fingern, fahre ihre Form nach. Als ich unter ihre Füße schaue, steht dort in zierlicher Schrift: 200 Euro. Ich lege sie wieder zurück. Ich hätte darauf bestehen sollen, dass er mir ein Foto schickt.

Wir werden uns schon erkennen.

Na klar. Ich gehe an einer Reihe riesiger Muscheln vorbei, sehe ein weiteres Grammophon, das sich wie eine große blaue Blüte öffnet. Neben der Würstelhütte sitzen in einem alten Puppenwagen mit abblätternder Farbe zwei Teddybären. Das Ohr des Einen ist zur Hälfte abgerissen, beiden fehlen einige Büschel Fell. Ein Mann mit Geheimratsecken sieht von der Würstelhütte zu mir.

Ich werde dich fest an mich drücken, immer tiefer deine Hüften entlangfahren...

Nein, bloß nicht. Schnell verschwinde ich hinter einer Reihe indischer Tücher mit Elefantenaufdruck, die an einer Leine am Straßenrand hängen. Am Stand daneben gibt es Stoffflaternen mit Glitzerpalletten, Räucherstäbchen, Wasserpfeifen und Umhängetaschen mit Batikmuster. Erst danach beginnt der richtige Naschmarkt: Hinter einem Stand mit langen Reihen aus bunten Bonbontüten sieht mich der Verkäufer, unter seiner Strickmütze hervor, aus dunklen Augen an.
- „Möchten Sie eine Tiramisu-Mandel kosten, junge Dame?"

Er hält mir die braungesprenkelte Mandel auf einem Schaufelchen entgegen. Süß, mit einer angenehmen Würze zergeht sie auf meiner Zunge.
- „Wie wäre es mit einem Kokoseck?"

Auch die viereckigen Kokosstückchen sind nicht schlecht.
- „Und noch eine kandierte Feige?"

Ein frischer, süß-saurer Geschmack.
- „Wie heißt du denn?"
- „Ich bin Zoé."
- „Ah, hallo Zoé, ich bin Tomek.
  Darf ich dir von allem etwas einpacken?"

Ich schaue auf den Preis: 10 Gramm 1,70 Euro, und gehe einen Schritt zurück.

– „Danke, aber ich gucke erst mal weiter."
– „Aber du kommst doch wieder, oder?"

Seine Augen weiten sich enttäuscht.

–„Ja."
–„Versprochen, Zoé?"

Er lehnt sich über den Tresen und blinzelt mit seinen langen schwarzen Wimpern. Über seinem Kopf hängt eine Girlande aus bunten Plastikfrüchten. *Lecka Lecka* steht in verschnörkelter Schrift auf einem Schild an seinem Stand. Ich lache kurz, sage aber nichts, gehe weiter.

Am nächsten Stand gibt es wieder Bonbons. Die Frau hinter den getrockneten Ananasscheiben, Bio-Mangos und Erdbeeren schreit eifrig, als sie mich sieht.

– „Möchten Sie kosten? Cashewkerne? Pistazien? Geräucherte Mandeln?"

Gierig starrt sie mich an. Ich gehe weiter. Doch am Falafelstand kann ich nicht widerstehen, schließlich habe ich noch nicht gefrühstückt. Erwartungsvoll blickt mich der Falafelverkäufer mit seinem Drei-Tage-Bart an, nachdem ich das Falafelbällchen gegessen habe. Es schmeckt sehr nach Knoblauch.

– „Später vielleicht",

nicke ich und gehe weiter, an langen Reihen bunter Gewürze entlang. Schließlich wollen wir bestimmt gleich miteinander essen gehen. Wo bleibt er denn nur? Auf der anderen Seite wird Gemüse verkauft: Drachenfrüchte, Kumquats, Litchis. Daneben liegen Kiwano-Früchte, die aussehen wie aufgeblasene Kugelfische. Ich entdecke einen Romanesco-Kopf, bleibe stehen. Dieses Gemüse hatte mich schon immer fasziniert: Seine spiralförmige Struktur verläuft ins unendlich Kleine und zugleich ins unendlich Große. Der Romanesco war für mich das Sinnbild der Unendlichkeit. Als sich eine Verkäuferin in meine Nähe bewegt, gehe ich weiter, vorbei an Ingwer und tibetischen Klangschalen. Ein Mann mit dunkler Haut und schwarzen Locken lässt eine davon klingen, lächelt mich schief an.

Mit der Zunge werde ich deine Brüste umspielen und sanft an deinen Nippeln knabbern...

Ich erwidere sein Lächeln, gehe einen Schritt auf ihn zu. Ich öffne den Mund, finde keine Worte, schließe ihn wieder. Warum sagt er denn nichts? Sein Bart schimmert dunkel durch seine Haut, ich kann sein Aftershave riechen. Der Ansatz von lockigem Brusthaar ist in seinem Ausschnitt sichtbar. Ich komme noch einen Schritt näher, da höre ich eine Kinderstimme rufen: „Papi!!!" Ein kleines Kind, das gerade schon so laufen kann, umklammert sein Bein.

– „Kennen wir uns?",

höre ich ihn noch fragen, doch ich dränge mich fort so schnell es geht. Hitze steigt mir ins Gesicht. Wie hatte ich jemals glauben können, ihn hier tatsächlich zu treffen? Und wer ist *er* überhaupt? Schnell zurück zur U-Bahn. Hinter einer Scheibe sehe ich in Eissplitter eingelegte Schollen, Steinbutt, Karpfen, St. Peter-Fische, Octopuse. Mit ihren Saugnäpfen sehen sie fast wie riesige Seesterne aus. Die roten Drachenköpfe starren mich mit so großen Glupschaugen an, als wären sie kurz davor, wieder lebendig zu werden und durch die Scheibe zu springen. Tränen steigen mir in die Augen. An einem Stand mit gefüllten Oliven lehnt ein Verkäufer mit Kochmütze überm Tresen und streckt mir eine aufgespießte Olive entgegen:

– „Grüß Gott, Hallo, Grüß Gott,
   möchten Sie kosten?"

Ich hätte schon längst etwas essen müssen und bleibe beim Falafelstand stehen. Das Gesicht des Verkäufers hellt sich auf, als er mich kommen sieht. „Sie sind tatsächlich zurückgekommen!" Seine bärtigen Mundwinkel ziehen sich nach oben.

Mit meinem Falafel will ich Richtung U-Bahn gehen, da höre ich Tomek rufen.

– „Ah Zoé, da bist du ja!"

Ich will jetzt wirklich keine Süßigkeiten kaufen, denke ich. Außerdem habe ich ihn gar nichts versprochen. Ich stehe vor seinem Stand, schaue in seine sehnsüchtigen Augen.

– „Tiramisu-Mandeln, bitte."

Ich beiße mir auf die Lippen. Er reicht mir ein winziges Tütchen mit etwa zehn Mandeln.

– „Zwei Euro."

Strahlend streckt er die Hand aus. Als ich in der U-Bahn sitze, öffne ich die Tüte. Langsam stecke ich eine Mandel nach der anderen zwischen die Lippen, spüre die Süße auf meiner Zunge zergehen.

(LM)

Der Mann auf dem Flohmarkt,
der in einem Haufen alter Fotografien wühlt,
auf einen Mann in SS-Uniform zeigt
und zu dem Verkäufer am Marktstand sagt:

„Dieser Diktator damals, der war doch eigentlich auch Österreicher, oder?"

(RH)

HEIMSUCHUNG II

die Minuten kauern
möglich dass sie
unaustauschbar
für das eine Mal.
deine Licht- und Leucht-
stoffe verlegen
keine Adern
durch die klammen Straßen:

ich lege meine Fracht auf den Fenstersims
und sehe dir zu wie du es treibst.

so weit ich mein Schweigen einkreisen kann
bist du mein Radius:

verdrehst dich mir
wie eine Riesenradrunde
um bist du
auf dem Jahr-
dem Ja-Markt.

(MOR)

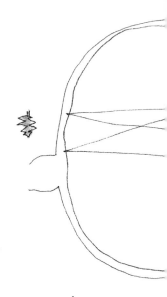

Hans Merit (62):

Diese Starbucks-Filialen zerstören das Stadtbild, ein einheitliches Gesicht für jede Stadt ist fürchterlich. Ich hoffe, dass wenigstens die Wiener es schaffen, ihre Individualität zu wahren. Ich gebe meinen Teil dazu, indem ich mich regelmäßig in Kaffeehäusern aufhalte.

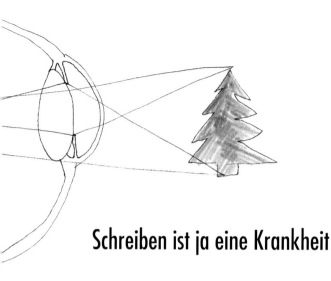

Schreiben ist ja eine Krankheit

Aus dem Kontext gerissen:
Wiener Autoren über sich und ihre Arbeit

Bettina Balaka („Eisflüstern") sagt: Das war für mich ein wichtiger Moment: Jetzt tauen die da auf! / Es gibt fürchterliche Krisen. / Schon beim ersten Satz sagt man: Ich höre die Stimmen der Kritiker… / Das Gehirn arbeitet einfach besser, wenn man bastelt. / Ab einem gewissen Bekanntheitsgrad lebt sich's natürlich leichter. / Es tut mir leid, ihr könnt mich nicht anrufen – ich geh vor 18 Uhr nicht ran. / Schriftsteller führen ein ganz normales, bürgerliches Leben mit Mietvertrag und Haustieren. / In Venedig war man. / Mein großes Vorbild ist Karl May. / Ich war nie in Sibirien, das wär' mir viel zu kalt. / Es ist nicht mehr notwendig viel zu reisen, weil es überall so gleich ist.

Thomas Ballhausen („Bewegungsmelder") sagt: Ich glaube, dass der Text immer schlauer ist, als der Autor. / Wir haben immer schon in Netzen gelesen. / Was wir uns nicht leisten können, ist Ignoranz. / Man soll sich nicht ohne Schreibzeug erwischen lassen. / Kann man Literatur nutzbar machen, um Theorie zu erzählen? / Es bringt nix, wenn Leute sich nur gut finden. / Adaption ist immer ein Minenfeld. / London ist wichtig für Inputs. / Ich habe den Eindruck, die Stimmen in Deutschland sind viel weniger ausdifferenziert. / Es ist immer ein großes Risiko ‚Ich' zu schreiben. / Es kann einen nichts darauf vorbereiten, wie es beim Bachmann-Preis ist.

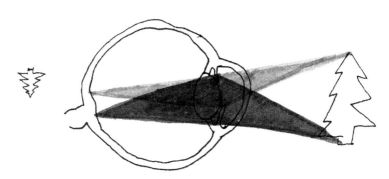

Clemens Berger („Das Streichelinstitut") sagt: Meine Küche hat gebrannt. Zu Silvester. / Ich glaube nicht, dass ich Teil einer Strömung bin. / Ich wollte ja Fußballer werden. / Es ist als 17-Jähriger natürlich nicht besonders cool, Gedichte zu schreiben. / Für mich ist es das Schönste, wenn eine Figur etwas tut, das ich nie wollte. / Schreiben ist ja eine Krankheit. / Die Welt ist so verrückt, man muss sie nicht erfinden. / Ich schreibe sehr gern im Schwimmbad. / Wien hat so eine eigene Gravitation. / Österreich und Keller... das Feld ist vermint.

Thomas Stangl („Was kommt") sagt: Ich kann gar nicht so genau sagen, was Arbeit und was nicht Arbeit ist. / Es ist nicht so, dass eine Stadt nur aus verschiedenen Häusern und Gebäuden besteht. / Was ich mit Schreiben versuche, ist eine intensive Wahrnehmung von Raum. / Es gibt keine Erinnerung ohne Vergessen. / Ich glaube, dass diese „Lüge des Moments" etwas mit einem Misstrauen der Erfahrung gegenüber zu tun hat. / Ich möchte nicht nur im Süden leben, aber möchte auch nicht nie im Süden leben.

(AT)

Zeitreise

Ich rufe an und es ist immer besetzt. Egal ob früh am Morgen, mittags oder abends, es gibt Menschen die haben einfach zu viel zu tun. Ich laufe durch die Stadt und weiß nicht genau, wo ich überhaupt lang muss. Auf einmal ist dort eine Straße, die so verdammt schön ist, dass ich links abbiege. Manche haben so viel zu tun, da bleibt keine Zeit zurückzurufen. Oder sich sonst irgendwie zu melden. Die einzige Möglichkeit, mit ihnen zu reden, ist, wenn man sie zufällig auf der Straße trifft. Oder wenn man die glückliche Person ist, bei der das Telefon mal nicht besetzt ist. Die Straße schlängelt sich so lang, ich glaube, es ist die falsche Richtung, aber alles sieht so verdammt schön aus. Wenn man durchkommt, ist die Person am anderen Ende abgehetzt. Von den vielen Meetings und Gesprächen. Immer diese Menschen, die anrufen und wissen wollen, wie es einem geht!

Ich bin mir ziemlich sicher, dass es die falsche Richtung ist. Vielleicht sogar wieder zurück. Viel Zeit und doch keine Zeit. Wenn ich an Zeit denke, denke ich gleich an Zeitreise und dass man in einer Zeitmaschine niemals lässig seinen Arm aus dem Fenster halten sollte. Auf der Veranda eines besonders schönen Hauses, es hat einen Vorgarten mit Magnolienbäumen, sitzt ein alter Mann mit einer alten Frau. Sie trinken heiße Schokolade und lesen gemeinsam in der Zeitung. Der Arm kommt sonst als Fossil an. Dann reden alle wieder von diesem spektakulären Fossilfund und er kommt in ein Museum. „Sieh mal dort", sagt der Mann und zeigt auf einen Artikel. Die Frau reagiert nicht. Sie trinkt noch einen Schluck Schokolade. „Du solltest weniger rauchen", sagt sie in mürrischem Ton. Das Telefon klingelt im Haus. Keiner von ihnen steht auf.

Der Fossilfund wird in Zeitungen diskutiert, bald schalten sich die ersten Menschen ein, die es für eine Fälschung halten. Die Leute, die gestresst sind, bekommen es nur am Rand mit, die anderen verfolgen die Diskussionen, interessieren sich aber nicht dafür. Auf der Straße kommt mir ein Mann entgegen, der Anweisungen in sein Telefon brummt, in der anderen Hand einen Coffee to go-Becher hält und eine Aktentasche unter den Arm geklemmt hat. Da drüben ist ein hübscher, blau verzierter Bordstein. Der Mann kann ihn nicht sehen.

(LJH)

Ich kaufe mir Asyl in den Kaffeehäusern, für einen Häferlkaffee darfst du etwa zwei Stunden sitzen, jede weitere Stunde im Warmen kostet dich ungefähr einen Kleinen Braunen.

(LB)

sprache

das potential
unserer aus
gesprochen
gedanken:

wer hat
uns konjugiert
wer hat das leben
die wolken
die kindheit
den milchladen
konjugiert?

vergeudet bereut

in die vergessenheit geraten
das abzählen der tage
die abgegriffenen, herzen

das unwiederholbare
der wiederholung
die vergeudung, der gesten

man macht die gelegenheiten
zu fragmenten
ich weiß was du
mit mir getan hast, in dieser zeit.

was mich entnimmt

auf der hand liegen
das was ohne dich geschehen wäre
das was sich von allein erklärt
das was mich einnimmt
sich auskennen damit,

sich ausliefern.

(MOR)

Die Kellnerin
im piekfeinen Kaffeehaus,
welche Melange
und Kaiserschmarrn
mit Kippe im Mundwinkel
serviert.

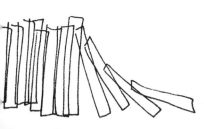

(RH)

ampullenfummeln //

Am Schalter in der Nussdorfer, an der Umtauschstelle für benutzte Spritzen, sitzt ein Typ. Der heißt Bojan und hat rote Haare. Der spricht vom Krieg und das kann keiner hören, also sagen wir: Bojan, erzähl von den Frauen. Die Frauen, sagt er, die Frauen in Belgrad kannst du in der Pfeife rauchen. Die sind entweder dick oder Nutten, meistens beides. Jedenfalls alles Fotzen. Da lachen wir und geben ihm jeder so fünf Stück, die er umtauschen kann. Jungs, sagt er, das bringt doch nichts. Und wir: Bojan, du bist ein Hurenbock. Tausch einfach um. Und er spricht davon, dass er schon anderes gesehen hat. Im Krieg nämlich, sagt er, da hat sich niemand um den Dreck geschert. Hatte man zwei drei Dinar übrig, hat man Kartoffeln gekauft. Wir hören so halb zu und warten auf die Ladung. Bojan ist gerade besonders langsam, also werden wir ungeduldig und fummeln an den Ampullen in den Hosentaschen. Einer macht nen Witz, Jugos hätten kleine Schwänze, aber Bojan hat das nicht zu interessieren. Er verteilt die alten Dinger in Schubladen, holt aus anderen neue raus und gibt sie uns. Er sagt: Jungs, das bringt doch nichts. Und wir: Bojan, wie lange kennen wir uns schon? Aus sozialen Gründen, stellt die Stadt seit neustem Zurückgebliebene an öffentlichen Stellen ein. Wahrscheinlich ist das bei ihm auch so gelaufen. Wenn er spricht, läuft ihm die Spucke, links an der Unterlippe raus. Er stottert und blinzelt bei jedem zweiten Konsonanten. Wir beschließen, ihn ab jetzt Mongo zu nennen. Der Mongo sabbert, sagt einer, verrückter Mongo! Und alle: Bam! Sprich doch weiter von den Frauen, sagen wir, hast du überhaupt mal gefickt? Da bekommt er glasige Augen und knallt die Faust auf den Tresen: Das geht doch nicht.

Uns ist das egal. Wenn Bojan nicht mehr umtauscht, gibts immer noch den Typen am Karlsplatz, also machen wir weiter. Wir sagen: Bist auch noch Jungfrau, was? Da fängt er wieder mit so pathetischem Zeug an, von wegen, nach dem Krieg, sei keiner mehr Jungfrau, und wir schütteln nur die Köpfe. Ach Bojan, sagen wir, du bist schon ein guter, und pissen an die Fensterscheibe. Dann zieht Bojan die Rollläden runter. Er hat jetzt Feierabend. Wir fummeln noch ein wenig an den Ampullen in den Hosentaschen und machen uns auf den Heimweg.

(YB)

Der kleine Junge in der Picassoausstellung, der sich an seine Schwester klammert und durch die Räumlichkeiten der Albertina plärrt:

„Ich find das hässlich!"

(RH)

Freizeitfluchten

Um halb acht abends ist auch der Wodka ausgetrunken, der gute polnische, den Damians Mutter aus Krakau mitbrachte, als sie letzte Woche ihre Eltern besuchte. Piotr, Andrej, Krysztof und Damian stehen vor der U-Bahnstation Rennbahnweg, zu ihren Füßen liegen leere Glasflaschen, gerahmt von Tschickstummeln. Jännerkalt und neblig ist es, trotzdem tragen sie nur Pullover über ihren T-Shirts, sie sagen, echte Polen frieren nicht, und außerdem hält der Alkohol warm. Heute aber ist kein Alkohol mehr da, verdammter Scheiß, Damian wird wütend, er beleidigt Piotr, du hast meinen Wodka ausgesoffen, deine Mutter bringt nie etwas mit wenn sie aus Polen kommt, sag der Hure, sie soll was mitbringen, das nächste Mal. Piotr will sagen, seine Mutter ist keine Hure, fick dich Damian, reiß dein großes Maul nicht so auf, doch er schweigt. Andrej und Krysztof beschließen, Piotr muss neuen Alkohol besorgen, es ist erst halb acht, sie sind noch nicht betrunken, er soll zum Praterstern fahren und in die *Billa* gehen, die hat noch offen. Geld hat keiner dabei, aber das ist egal, Damian sagt, man kann auch so Alk besorgen, stell dich halt nicht so an, Piotr.

Der nächste Zug Richtung Reumannplatz kommt in fünf Minuten, Damian, Andrej und Krysztof begleiten Piotr mit an den Hochbahnsteig, sie nehmen den Aufzug, so machen sie das immer, lieber verpassen sie eine U-Bahn, anstatt die Stiegen hinauf zu gehen. Als der Zug einfährt, sagt Damian noch, nimm den guten Wodka, nicht den von *Clever*, den kauft meine Freundin immer, dann lacht er. Die Zugtüren schließen sich hinter Piotr. Andrej und Krysztof sehen noch, wie er sich an ein Fenster auf der anderen Seite des Waggons setzt.

Vor der U-Bahnstation werfen Straßenlaternen diffuses Licht auf die Straße. Einzig das Glasdach des Hochbahnsteiges ist hell erleuchtet, die Reklametafel des nahen *Zielpunkt*-Supermarktes flackert in unregelmäßigen Abständen auf und lässt die Schatten der drei Jungen skurrile Tänze vollführen. Etwas weiter hinten auf dem Gehsteig stehen zwei Einkaufswagen, darüber wundert sich niemand mehr, ständig stehen hier am Rennbahnweg verlassene Einkaufswagen herum. Damian langweilt sich, er ist es nicht gewohnt, auf etwas zu warten, schon gar nicht auf Alkohol, Krysztof, du schiebst mich jetzt auf der Straße lang, entscheidet er und steigt in einen der Wagen.

Kagran, Alte Donau, Kaisermühlen/VIC, Donauinsel, Vorgartenstraße, Praterstern, Piotr verlässt den Zug und folgt in der U-Bahnstation den Hinweisschildern mit dem Riesenrad-Symbol Richtung Hauptausgang Prater, obwohl er den Weg bis in die Haupthalle des Bahnhofs beinahe blind laufen könnte. Wenn er zu der *Billa* geht, stellt er sich vor, wie es wäre, einmal im Riesenrad zu sitzen wie die Touristen. Er würde in alle Himmelsrichtungen schauen, in alle außer nach Nordosten. Der 22. Bezirk mit seinen tristen Gemeindebauten interessiert ihn nicht. Schuhkartons sind das, Menschen werden in Massen gehalten. Piotr lebt zusammen mit seinen Eltern und seinen beiden Brüdern in einer Dreizimmerwohnung am Rennbahnweg. Kinderreiche Familien mit Migrationshintergrund und alteingesessene, sozial Schwächere wohnen dort.

Im Riesenrad wären die täglichen Auseinandersetzungen weit entfernt von Piotr, er würde nur zu den Prachtbauten innerhalb des Rings schauen und sich vorstellen, wie es wäre, Teil der glanzvollen Masse zu sein.

Krysztof schiebt Damian im Einkaufswagen die Wagramer Straße hinunter. Fort von den Gemeindebauten am Rennbahnweg, wo viele Häusereingänge von Videokameras überwacht werden. Gerade ältere Bewohner fürchten um ihre Ruhe und die Beachtung der Hausvorschriften.

Die Wagenräder stören die abendliche Stille. Autos fahren nach Einbruch der Dunkelheit kaum noch die Wagramer Straße und den Rennbahnweg entlang, die meisten Pendler aus Stadlau am östlichsten Rand des 22. Bezirks sind bereits daheim oder nehmen die U-Bahn. Nach ein paar hundert Metern hat Damian keine Freude mehr daran, sich im Einkaufswagen kutschieren zu lassen, er ruft, Andrej, du Fettsack, wo bleibst du, ich will eine Tschick, wobei *Tschick* fast so klingt wie *chick* und Andrej, der sich noch immer nicht an den Wiener Lokalkolorit gewöhnt hat, meint, Damian, du hast doch die

Iwona, was willst du mit noch einem Mädchen. Damian bricht in schallendes Gelächter aus, man hört ihm den Teer in seiner Lunge an. Er schimpft Andrej einen depperten Idioten, ein bisschen kopfkrank, aber korrekt, und wartet, bis Andrej am Einkaufswagen angelangt ist und Damian eine Zigarette reicht.

Langsam steigt Piotr die Stiegen zur Haupthalle des Bahnhofs hinauf, das rot-gelbe Supermarktlogo vor Augen, über den Abfahrtstafeln zeigt die große Analoguhr drei Minuten nach Acht. In siebenundfünfzig Minuten schließt die *Billa*, denkt er, aber solange wird er ja ohnehin nicht in dem Geschäft bleiben, er geht da jetzt nur schnell rein, nach hinten links zu den Alkoholregalen und greift sich eine Flasche Wodka, nicht den von *Clever*, sondern richtigen, vielleicht von *Absolut* oder *Skyy*. Dann wird er den Laden wieder verlassen, ganz gemächlich, so als wäre es das Normalste auf der Welt, mit einer Flasche Wodka unter dem weiten Pulli durch die Gegend zu laufen. Keiner wird etwas merken, dazu sind um diese Uhrzeit zu viele Menschen in der *Billa*, um die letzten Feierabendeinkäufe zu erledigen. Das Personal wird damit beschäftigt sein, die Kühlregale einzuräumen, Obst und Gemüse zu sortieren oder vorne an den Kassen sitzen und genervt zweieuroachtunddreißigbittedankewiederschaun herunterleiern. Kaum jemand wird sich nach hinten links verirren. Piotr betritt den Supermarkt, vorbei an den Gemüseständen und am Bäcker, es riecht nach frischen Semmeln und Laugenkipferl, vor dem Kühlregal vergleicht eine ältere Frau zwei Milchtüten miteinander, sie legt die grüne Packung in ihren Einkaufskorb und greift nach einem Topfen in ebenfalls grüner Verpackung, beides Bio, beides teuer, in Piotrs Familie gibt es entweder Milch von *Hofer* oder von *Clever*, die Packerl sind weiß-blau bedruckt. Neben den Kühlregalen steht die Getränkeabteilung, Wasser, Saft, Limonade, dann das Bier, noch einmal um die Ecke und Piotr steht vor dem Alkohol. Aus seinem Augenwinkel sieht er, dass ein Mitarbeiter bei den Knabbereien zwei Gänge weiter vorne steht und Chipstüten einräumt, Erdnüsse wären jetzt gut, stattdessen greift Piotr nach einer Flasche *Absolut*.

Es ist zehn vor halb neun, wo bleibt die Flasche, Damian wird ungeduldig und geht vor der U-Bahnstation auf und ab. Krysztof lehnt an der Glaswand, Andrej pinkelt in einen Mülleimer, keiner der drei würde zugeben, bereits jetzt betrunken zu sein. Noch immer liegen die Glasflaschen vor dem Bahnhof, eine ist mittlerweile zerbrochen, die Scherben reflektieren das Licht der Bahnsteigbeleuchtung. Hinter fast allen Fenstern der Gemeindebauten zucken blaue Blitze. Viel mehr gibt es um diese Uhrzeit auch nicht zu tun. Entweder man schaut fern oder man trinkt.

Damian starrt mit glasigen Augen ins Leere, noch eben ist er aufgekratzt gewesen, nun wird er ruhig. Wovon träumst du, fragt Krysztof, bist du schwul, entgegnet Damian, dann kotzt er vor Krysztofs Füße. Oben am

Bahnsteig fährt ein Zug Richtung Leopoldau ein, vier Menschen steigen aus, Piotr ist nicht unter ihnen.

So sicher ist er sich gewesen, als er die Flasche unter seinem Pullover verschwinden ließ. Dass die alte Frau, die vor wenigen Augenblicken noch Topfen und Milch in ihren Korb legte, hinter ihm stand, bemerkte Piotr erst, als es zu spät war. Nun steht der *Absolut* vor ihm auf einem Tisch in einem neonhell erleuchteten, fensterlosen Raum, der Mann, der Piotr gegenüber sitzt, wirkt nicht, als diskutiere er gerne. Jetzt bloß nicht weinen, das wäre nicht männlich, denkt Piotr noch, doch seine Augen glänzen bereits. Du darfst die anderen nicht verraten, kreist in Piotrs Kopf. Der Mann mit der vermeintlichen Diskussionsaversion fragt Dinge und ist freundlich und Piotr mit der Situation überfordert. Er erzählt von Damian und dass dieser mehr Alkohol wollte und dass sie das immer so machen, abends vor der U-Bahnstation und Piotr lieber Riesenrad fahren würde als Wodka zu trinken. Die Worte scheinen nicht länger seinem Willen zu gehorchen, sie führen ein Eigenleben und füllen den Raum mit Gedanken, die Piotr unheimlich werden, so viel hat er noch nie geredet vor anderen Menschen. Der Mann schaut und nickt, brummelt kurze Antworten, dann geht er raus, um zu telefonieren, die Wodkaflasche lässt er auf dem Tisch stehen.

(LB)

Der Würstelstandbesitzer,
der seine Gäste
bei freundlich erklärtem Pommeswunsch
wissen lässt:
„Das dauert a Randerl,
wir sind schließli net bei Burger King!"

(RH)

zentralfriedhof //

1.

ein zigeunergrab mal anders
mit typ der vor nem 93er
mercedes kniet mit kreuzfingerzeichen
seine eltern
nicht so tot dahinter
darunter die kisten vielleicht
ein bündel dollar ein bündel
material für die reise

2.

babyblock ein karierter so
schuldig die mütter die
zu ihrem kommen man
assoziiert kinderbetten so
allerlei zeug mit namen die
erwachsen klingen mit
katalogen hier bestell mal
ein paar tage mehr

3.

alte judenabteilung vor-
zustellen als eine art
wald gut belaufen von
tieren man ordnet
reh fasan fasan reh sie
vertreten die erde so
dass man mal anders
auf seine füße schaut

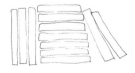

(YB)

Am Flughafen kaufe ich mir einen letzten Häferlkaffee, zum Mitnehmen bitte, welch ein Fehler, **meine mittlerweile melangeverwöhnten Geschmacksknospen fühlen sich regelrecht vergewaltigt.**

(LB)

Silos voller Weizen

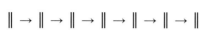

"Ein Mann, der geht in den Wald", deutet auf Vögel, die sich von Pfeilern verdrängen. Wie durch irgendeinen Anfang in Schwingung versetzt, der ganze Kasten voller Murmeln.

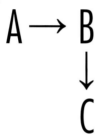

Die Vögel, bilden in Striemen eine Eselbrücke für ein mittelalterliches Gesetz. Das ist relativ schnell Lyrik für die Impetustheorie oder Beizjagd.

(JSG)

5

Wiener Journal – Nachwort der Herausgeber

Seit es im ersten Epos der Weltgeschichte, Homers Ilias, darum ging, wie eine Stadt zerstört wurde, übt die Stadt als literarischer Raum ungebrochen große Faszination auf Schriftsteller aller Sprachen, Kulturen und Regionen aus. Die Stadt als Inspirationsquelle, als Hauptfigur, als Sehnsuchtsort oder als dekadenter Hort des Untergangs und der Zerstreuung – immer wieder beschäftigt sich die Literatur mit diesem Topos, auf immer neue Art beschreibt sie ihn und findet neue Wege, ihn zu verarbeiten.
Im Wintersemester 2010/2011 befassten sich 13 junge Autoren im Rahmen der Übung „Wiener Journal" an der Universität Hildesheim am Beispiel Wiens mit der Stadt als literarischem Raum. Nach Recherchen zu Geschichten und Wesensmerkmalen dieses Ortes begaben sich die Autoren für knapp eine Woche nach Wien, mit der Aufgabe, sie als literarischen Raum zu erkunden und neue Formen zu finden, Texte zu und aus dieser Stadt entstehen zu lassen. Zu einer eigenständigen Topografie.

Diese Publikation versammelt nun die besten Texte, die im Rahmen dieser schreibenden Reise durch Wien entstanden sind. Es sind kleine Perlen, die die ganze Bandbreite von Texten abbilden, mit der man sich auf engem Raum dem großen Raum nähern kann – von kurzen Notaten bis zu Romananfängen. Geschrieben wurde aus verschiedensten Perspektiven, die einladen, sich mittels der Texte durch die Stadt zu begeben; auf geraden Wegen von der ersten bis zur letzten Seite, genauso gut kann man jedoch auch quer durch das Buch springen, Schnappschüsse in geschriebener Form erhaschen, Häppchenweise eine eigene Reise, einen Aufenthalt in den Wahrnehmungen der Autoren erleben. Mit diesem Buch entstand ein Textprojekt, das versucht, sich der

Erscheinung Stadt durch das Wort zu nähern, ihn schreibend zu erfahren und neue Wege, Stile, Möglichkeiten auszuprobieren, um mit der Stadt und dem Ort an sich als literarischem Raum zu arbeiten. Sowie eine Materialsammlung aufzuzeigen, aus der Inspirationen zur Weiterarbeit generiert werden können.

Als Herausgeber bedanken wir uns bei den Autoren, die mit offenen Augen und Sensibilität für besondere und prägende Momente ihre Erkundungen anstellten, die alle Straßenbahnlinien abfuhren, Edelkaffeehäuser und heruntergekommene Beisl besuchten, den Sehenswürdigkeiten ihre Aufwartung machten, um sich danach in tristen Außenbezirken zu verlieren, Nächte neben der Vergnügung auch des Notierens wegen durchzechten — und hier nun ihre Beiträge beigesteuert haben.

Großer Dank gilt Sandra Bauke, für die geschmackvolle Gestaltung des Buches, sowie Franziska Stolzenau, für die wirkungsvollen textbegleitenden Zeichnungen.

Ebenso bedanken wir uns beim Institut für Literarisches Schreiben und Literaturwissenschaft der Universität Hildesheim, das nicht nur dieses Seminar, sondern auch diese Publikation ermöglicht hat.

Vea Kaiser & Marc Oliver Rühle
Wien, Hildesheim, Dresden im Februar 2012

Vea Kaiser, geb. 1988, lebt als freie Schriftstellerin in Wien. Im Herbst 2012 erscheint ihr Debütroman „Blasmusikpop oder Wie die Wissenschaft in die Berge kam" bei Kiepenheuer & Witsch.

Marc Oliver Rühle, geb. 1985, arbeitet als freier Journalist und gehört der Künstlergruppe >ATLAS< an.

Laura Biermann / lässt bei Wienaufenthalten stets den Großteil ihres Reisebudgets in Kaffeehäusern / schwört sich vor jedem Besuch aufs Neue *wirklich nur eine Melange pro Tag* zu trinken. (LB)

Lew Weisz / dachte immer Wien läge irgendwo südlich von München. (LW)

Andreas Thamm / 1990 in Bamberg geboren / schreibt selten in Wien / lebt woanders. (AT)

Stefan Vidović / findet in Wien als geborener Münchner und halber Kroate viele Anknüpfungspunkte / ist aber vor allem vom Wiener Schmäh bezaubert. (SV)

J.S. Guse / 1989 in Wien geboren. (JSG)

Rebecca Hürter / floh vor Prunk und Prada / entdeckte dabei gemütliche Hinterhöfe, interessante Kunst und bunte Flohmärkte. (RH)

Marc Oliver Rühle / Voyeur und
Kunstsammler / konsumiert Städte /
bei dieser Gelegenheit zu beiden
Donau-Seiten Rot- und Fernlicht. (MOR)

Johanna Kliem / lebt zurzeit
in Wien / ernährt sich regelmäßig. (JK)

Anna Gräsel / 1988 geboren / mündig /
schätzt das 16er-Blech sehr. (AG)

Lara-Joy Hamann / begab sich
vielsprachig auf die Reise durch
Wien / schätzt die kulturelle Vielfalt
der Stadt. (LJH)

Lisa Mauritz / schreibt immer auf
der Grenze / dort wo Träume beginnen
Wirklichkeit zu werden. (LM)

Yevgeniy Breyger / 1989 in
Charkow (Ukraine) geboren /
weitere Informationen vakant. (YB)

Maximilian Engel / 1988 in Göttingen
geboren / weiß, dass Rapid Wien
1941 Deutscher Meister war /
ist gern ein Saupiefke. (ME)

Impressum

Wiener Journal

Herausgegeben von Vea Kaiser und Marc Oliver Rühle
Gestaltung und Satz: Sandra Bauke
Zeichnungen: Franziska Stolzenau
Fotos: Marc Oliver Rühle
Druck: Leinebergland Druck GmbH & Co KG

Alle Rechte verbleiben bei den Autoren

Edition Pächterhaus
www.paechterhaus.de

1. Auflage März 2012
ISBN: 978-3-941392-29-8

Wir danken:
Prof. Hanns-Josef Ortheil, Prof. Stephan Porombka,
Clemens Berger, Bettina Balaka, Thomas Ballhausen,
Thomas Stangl, Claudia Rühle-de Haas, Michael Bergt und Franz

LANDPARTIE | 12

Erschienen bei Edition Paechterhaus
www.paechterhaus.de

EDITION PÆCHTERHAUS